高校文化育人的创新与
实践研究

赵玲令　著

中国原子能出版社

图书在版编目(CIP)数据

高校文化育人的创新与实践研究/赵玲令著.--北京:中国原子能出版社,2023.6

ISBN 978-7-5221-2750-7

Ⅰ.①高… Ⅱ.①赵… Ⅲ.①高等学校—文化素质教育—研究—中国 Ⅳ.①G640

中国国家版本馆 CIP 数据核字(2023)第 104050 号

高校文化育人的创新与实践研究

出版发行	中国原子能出版社(北京市海淀区阜成路 43 号　100048)
责任编辑	王　蕾
责任印刷	赵　明
印　刷	北京九州迅驰传媒文化有限公司
经　销	全国新华书店
开　本	787mm×1092mm　1/16
印　张	11.25
字　数	146 千字
版　次	2024 年 3 月第 1 版　2024 年 3 月第 1 次印刷
书　号	ISBN 978-7-5221-2750-7　定　价　68.00 元

前　言

　　文化是一个民族和国家赖以生存和发展的重要根基,是社会发展的核心动力,在社会发展中具有引领作用。每个民族都有各自独特的文化,文化的力量深深熔铸在民族的生命力、创造力和凝聚力之中。文化之于人具有塑造、教化的作用。优秀文化不仅能够丰富人的精神世界、健全人格,而且能够增强人的精神力量,促进人的全面发展。文化育人具有价值观念导向功能。大学阶段正是大学生世界观、人生观和价值观逐渐走向成熟的时期。文化育人是大学生道德教育的重要渠道,文化育人在高校立德树人中具有重要的作用,发挥着重要的功能。文化育人侧重于多视角、全方位地培育学生的理想信仰、道德情操、政治素质、法律意识、生活态度、审美能力。它能够促进大学生思想道德素质、科学文化素质和身心健康素质协调发展,引导大学生勤于学习、善于创造、甘于奉献,成为有理想、有道德、有文化、有纪律的社会主义新人。

　　文化育人是学校整体建设必不可少的重要组成部分,现代学校文化是凝聚和激励学校全体成员的重要精神力量,是学校发展的强大内驱力。本书是高校育人方面的著作,主要叙述了高校文化育人的创新与实践。本书从文化育人理论入手,对文化育人的运行机制和创新路径进行了分析,另外简单介绍了高校社会实践与文化育人的有机融合和加强大学文化育人的对策思考,最后对高校文化育人的创新发展提了简单的建议。

作者在编写本书过程中,参考和借鉴了一些知名学者和专家的观点及论著,在此向他们表示深深的感谢。由于作者水平有限,书中难免会出现不足之处,希望各位读者和专家能够提出宝贵意见,以待进一步修改,使之更加完善。

目　录

第一章　文化育人综述及特征

第一节　育人与文化育人的内涵

一、育人的内涵

(一) 育人的意义

育人是一项以教为主导、学为主体，教与学双向趋同，教育与学育合二为一的有机活动。学校是专门的育人有机生命体，教学活动是学校育人的有机生命形式，导学法是科学育人方法。

"育"有三种意义：生育、养活、教育。而"育人"中的"育"，只能取"教育"，也就是培养的意思。育才即培养人才，即"育人"，也可以解释为"培养人"，此处的"人"与"人才"既有相同点，又有不同点：所有"人才"都是人，而"人"却不一定都是"人才"。

(二) 育人的具体实践策略

1. 文化浸染

教师们在各科的教学过程中，要自觉利用、挖掘教材中的政治、历史、哲学、礼仪等多方面的独具民族特色的民俗风情等文化因素，引导学生逐步深入了解传统文化，以及它们在新的时代背景下应有的新内涵和新的发展方向，培养学生对本国文化的感情。这样的人格教育，会提高学生的社会责任感，有助于弘扬中华民族的传统美德，使学生逐渐养成高度的社会责任感和民族使命感，有助于形成强大的国家凝聚力。从哲学的角度来看，人是社会上的人，他的思想、行为方式无时无刻不受到环境中文化的影响。人的最初人格的构建离不开对母语文化的理解与内化,因此,文化不仅肩负着教育人关注自身的价值和生存意义的使命,还肩负传承民族理想的使命。所以,新一代的正确文化观的培育十分重要,体现在以下两个方面:

第一,颂扬传统文化中爱国齐家、礼信待人、铁肩担道义的精神。

第二,随着全球化进程的加快,教材中难免会出现中西方文化碰撞的情况,这时教师应该教导学生盲目崇拜西方文化或是狭隘排外都不是理智的行为。可以说,文化观绝对不仅仅是对一种文化形态的认定与选择,从深层意义上说是一种对文化心理、价值取向的选择。

2. 审美感染

美育与智育、德育、体育并列为四育。教育是帮助被教育的人,帮他发展自己的能力,美育在这一过程中应起到重要的作用。美育者,应用美学之理论于教育,以培养感情为目的者也。可见,美育是一种以美学为理论基础,借助自然、生活与艺术来陶冶情操,健全人的审美心理结构,培养人对美的感受力、理解力和创造力的教育活动。美育的实质在于以美育美,用美好事物来陶冶、培育具有健康高尚审美观的人才。各科教材提供了丰富的美育内容,这些都能作为美育的依据。教师在教学中实施美育,必须对学生进行引导,针对知识的不同性质和特点来确定美育的重点,按照学生不同的年龄特征和心理特征,采用不同的方法,将学生带入教师设计的特定美育情境。让学生通过亲身的情感体验,产生一系列对审美对象的肯定或否定的审美态度和审美评价,在性情上得到陶冶,培养学生移情和共情的能力,达到所谓的"以美感人,以情动人,心灵日臻净化"的境界,使学生摒弃假、恶、丑,趋归真、善、美,从而达到实现自我的境界。

3. 人格熏陶

新时代下教育的人格完善是一种由内向外的精神培植和生长,人的精神培植与生长熏陶不是靠灌输能达成的。例如,语文教育不是伦理意义、道德意义上的,不是学习了语言之后,可以成为道德上的好人、完美的人。语文教育的作用在于给学生个性精神的发展提供自由的空间和经验参照，让学生在这样的宽松环境下成为幸福生活的创造者以及社会主义民主社会的建设者和接班人。教师离开了对最核心的主体"人"的培育，而去抓客体"文"的教学，就失去了教育的真正价值，也就失去了教学的真正价值。以育人为本，书就教好了。因此，教师在教学过程中深入地挖掘世界、生活、课本教材中所蕴含的美，学生在学习知识的同时，学会宽容，学会关爱与理解，理解他人，同情他人，这才是育人之本。

二、文化育人的内涵

文化育人是指以人类创造和选择的文化去感化人、熏陶人、培育人。文化育人不仅包括用精神财富育人，还必然包括用物质财富育人。文化育人的最终目的在于塑造青少年人性的高洁，培养他们健全的人格。文化育人的本质就在于以人类文化的正向价值为导引，教化人走向道德、理性、真善美，从而实现立德树人的目标追求。学校文化具有导向功能、凝聚功能、规范功能；学校文化的核心是学校各群体所具有的思想观念和行为方式；文化育人于无形，立德树人于点滴。建设一种文化是一个长期的过程，更是一个充满魅力和挑战的过程，一个叩问反思、寻根溯源的过程。

文化育人是一种以"文"化人的历史过程，是一种广泛地存在于人类生活方方面面的一种社会现象，是文化存在于人类社会而作用于人的客观存在。然而，随着时代的发展和社会的进步，文化育人的内容不断丰富，并且被时代赋予了新的特征和内涵，我们要在实践中深刻认识到，文化育人要坚持"以人为本"，注重人的智育、德育均衡发展，从而实现"人的全面发展"，因此，文化育人不仅肩负着传统的文化育人的科学文化知识的传授的使命，更有着实现"人的全面发展"的使命，以科学途径启蒙人、发展人，使人不仅掌握科学技术知识，在道德、人格、综合素质上都得到全面的发展，成为社会主义合格建设者，最终推动社会的前进和发展，充分发掘文化育人的作用，对国民素质提高和国家实力增强有着深刻和重要的意义。

上述三个育人实践策略中，有的多从直观感觉上调动各种感官刺激，营造育人的氛围，积累受教育者的直观感受和情感体验；有的从人的主观角度、个性发展方面、精神层面实施育人策略；有的是挖掘时代背后所蕴含的诸多方面的影响因素，将育人置于时代的大背景下。尽管这三个实践策略的出发点不同，但都是为了达到育人的目的。

第二节　高校文化育人的目标

一、培育社会主义道德

国无德不兴，人无德不立。文化育人的核心目标是立德，即培育社会主义道德。我们要加强思想道德建设，培育和弘扬社会主义核心价值观，弘扬中华传统美德和时代新风，构筑中国精神，为中国特色社会主义事业提供精神动力和道德滋养。而文化育人作为以社会主义思想道德建设为核心内容的文化教育实践，其核心目标就在于立德，就在于用社会主义核心价值观凝魂聚力，立社会主义道德。它既强调"德"在人的综合素质中的核心地位，也强调"'立德'是'树人'的一种方式"。

文化是德育的不竭资源。人的思想品德的形成离不开知识教育，更离不开文化的滋养。知识教育更多地关乎思维，文化滋养则关乎整个人的存在，首先关乎人的心灵生长。文化滋养对人的思想品德的形成具有至关重要的作用。

文化育德的最高境界是培育社会主义理想人格。所谓理想人格，就是人们依据一定社会道德准则所力求实现的完美人格。它是时代精神的体现，离开一定的社会历史条件和社会实践，理想人格便无从谈起。社会主义理想人格所承载的内涵是随着社会主义现代化建设的发展而不断发展的。

二、促进学生全面发展

文化育人是要把学生培养成为德才兼备、全面发展的人才。强调立德为先，树人为本，除了立德之外，还要着力树人，促进学生全面发展，使学生具备一定的专业知识和能力素质，并根据学生个人的兴趣、爱好、禀赋、倾向，对学生进行个性化培养，使其具有鲜明个性特点的专长。

人的全面发展是社会主义社会的本质要求。社会主义的本质是解放和发展生产力，而解放和发展生产力最关键的是要促进生产力诸要素中最活跃的要素——"人"的全面发展。人的全面发展是指"人的自我意志获得自由体现，人的各种需要、潜能素质、个性获得充分发展，也是人的社会关系的全面发展，是人的社会交往的普遍性和人对社会关系的控制程度的高度发展"。人的全面发展包括理性的文化自觉、高尚的思想品德、健全的个性人格、良好的艺术鉴赏力等各个方面综合素质的提升，是人在主体性发展中合规律性与合目的性的统一，是人真善美三境界的和谐统一，它是人主体性发展的最高境界。人的全面发展，体现为人与自然、社会关系的和谐统一，与社会主义先进文化发展相互影响、相互促进。

我们进行社会主义现代化建设，归根到底是为了促进人的全面发展。而在当今时代，随着改革开放的不断深化，经济、自然与社会三者之间协调发展的重要性也日益凸显，从这个意义上讲，当代中国人的全面发展是全面深化改革开放，促进经济、自然与社会协调发展的需要。

人作为一种主体性的文化存在，能够创造文化，发展文化。而文化的化人功能，也使文化能够塑造人、发展人。人与文化二者相互构建，互生互动。从这个意义上讲，发展先进文化是促进人的全面发展的内在诉求，人的全面发展水平也是衡量先进文化建设的重要砝码。二者相辅相成、互为表里，辩证统一于中国特色社会主义建设的伟大实践之中。

高校实施文化育人，一个重要的目标就是通过发展社会主义先进文化来促进学生全面发展。发展社会主义先进文化，就是要建设以马克思主义为指导的社会主义文化，就是要以社会主义核心价值观为统领，培育大学精神，建设高品位的大学文化，实质就是建设社会主义精神文明，建设马克思主义文化阵地，就是促进当代高校的全面发展。发展社会主义先进文化的根本任务，就是培养个性充分发展、德才兼备、身心健康、有社会责任担当、有艺术鉴赏力、富于创新精神的德智体美劳全面发展的人。要促进人的全面发展，既需要科学的理论武装和正确的舆论引导，也需要高尚的精神塑造和优秀的作品鼓舞。

人的全面发展并非一蹴而就，而是一个循序渐进地向自由迈进的历史过程。

只有在生产力和生产关系高度发达的共产主义社会，人的全面发展才能真正实现。因此，社会文化发展每一个进步都意味着人在全面发展的进程中又前进一步。发展先进文化与促进人的全面发展，这两个过程相辅相成、辩证统一。人的全面发展需要有先进文化的教化和滋养，同时先进文化的发展也需要以人的全面发展为推动条件。

三、培育社会主义文化自信

在坚定中国特色社会主义道路、理论和制度三个自信的基础上，还要坚定文化自信，强调它是"更基本、更深沉、更持久的力量"。实现社会主义共同理想，推动中华民族伟大复兴，都需要有社会主义文化自信作为基础。文化育人主要是通过社会主义先进文化影响人、塑造人，增进高校对社会主义文化的理解和认同，其最基础的目标就是培育社会主义文化自信。从根本上说，文化自信强调的是文化群体或个体对其本土文化的认同，包括对其文化价值的肯定、对其文化优势的确认、对其文化生命力的坚信。拥有高度的文化自信是坚持社会主义道路自信、理论自信和制度自信的前提和基础，是传承与弘扬中国传统文化的内在动力，是应对外来文化冲击与侵蚀的核心力量，是文化大发展大繁荣的思想根基和必然行动的力量之源。

文化自觉是文化自信的思想依据和认识基础。文化自觉，简言之，就是文化主体将自身的文化信念和准则主动付诸社会实践，是一种在文化上"自觉践行和主动追求的理性态度"。文化自觉是一种觉悟和理性，是文化主体对文化的自我觉醒、自我反省、自我创建，是对文化可持续发展的崇尚与追求。尤其是在文化全球化的社会背景下，文化自觉体现在人对自己的文化有自知之明，知道它的来历、形成过程和发展走向；面对错综复杂的局面，能以面向全球的视野和整体发展的观点对自己的文化进行深刻反思，并给予准确的历史发展定位；自觉担当起进行正确文化选择和推动文化发展的责任，汲取一切对自己文化有益的成分，在文化融合创新中实现转型，以适应新的社会发展需求。

文化自觉与自信是推动文化繁荣发展、实现中华民族文化复兴的一个必要条件，也是文化育人的基础目标。尤其是在社会大发展大变革的当今时代，倡导文化自觉和文化自信，其目的就是要对自身文化持有清醒的认识和理性的态度，牢牢把握社会主义先进文化的前进方向。只有人的高度文化自觉，才能实现真正的、充分的文化自信。只有在全民族文化自信的精神支撑下，建设社会主义文化强国才能真正实现。

文化教育作为一种文化现象，它与社会主义先进文化在本质上是一致的，它所倡导的思想观念、教育内容都是社会主义先进文化的重要组成部分，二者辩证统一、相互补充完善、相互促进发展。因此，以文化教育为目的的文化育人实质上是以社会主义先进文化育人，其育人的根本目标是培养社会主义文化自觉与自信。培养高度的文化自觉和文化自信，是中华民族团结进取的力量源泉，是国家文化安全稳定的坚实堡垒，是社会主义文化繁荣发展的基础保障。

文化自信以文化主体对自身文化的认同为基础。对当代高校而言，树立文化自信，从根本上说，就是要增强其民族文化认同，增强其传承和创新中华民族文化的信念与勇气。这是当代高校树立文化自信的迫切需要，是全球化的时代发展赋予高校文化教育的一项重要使命。

第三节　高校文化育人的原则

文化育人是思想政治教育中的一个新方式，要和社会主义中的先进文化相结合；要与大学生的成长环境相贴切，要符合学生的发展规律；还应该充分利用学校的资源，与各种教育力量相结合，从而完成合力育人；不仅如此，也要与人类社会进步和发展相贴切，让教育发展有规律可循。这就是所谓的真善美的统一。

一、尊重学生发展与教育规律的原则

高校作为大学生发展的主要场所，对学生进行思想工作的教育也非常重要，应该重点围绕思想工作的规律、教书育人的规律和学生教育的规律展开。这将是高校文化育人的重要原则之一。规律是一种事物在发展的关系当中存在的内在联系，规律决定着事物发展的大致方向。所以，规律是内在的存在，是不会轻易改变的，也不会根据人的主观意志而转移，人们只能发现和利用规律。这是一个永远不会结束、需要不断探索的过程。

思想政治教育的主要研究对象是人，所以人在思想品德形成的这个过程当中，是具有辩证统一特点的。而思想政治教育的主要途径，就是文化育人，它同样也有规律性可循。文化育人有两种对价值的追求：一是追求个人的发展价值，主要面向大学生的自由发展；二是追求个人的社会价值，让个人和社会的发展能结合起来，以此促进社会进步。如果从矛盾运动的方面来看，文化育人实际就是教育工作者结合社会需求对大学生的政治文化素养进行有目的、有效果、有规律的教育，让大学生具有一定的政治文化素养，以达到预期效果。这一过程包含了学生的成长规律、思想品德教育规律，还有一定的教书育人规律。所以，这些规律是教育工作者在教育过程当中需要遵循的。

（一）尊重大学生成长规律

我们把大学生思想品德所实现的规律，统称大学生的成长规律。这是一个慢慢形成的过程，并不是与生俱来的。大学生在校园环境和社会环境的影响下，结合社会实践，可以让思想品德等要素得到发展，也可以不断丰富自己的知识和行为，从而适应社会所需要的心理素质、思想高度和自身习惯。所以，可以将思想品德的不断积累看作是本体内在思想矛盾转化的过程，学生自身是主体，社会是客体，双方相互作用，才能不断形成思想品德。大学生在成长当中有很多种情况，也要不断适应多种模式。

大学生有很多种类的思想成长规律。不过，还是要以满足现实中大学生的成长规律为出发点。思想品德教育要和现实当中的人结合起来，要贴切现实当中的人的需要。作为文化育人的重点对象，不同学生之间存在着很多方面的差异，如成长环境和性格差异等，也因此造就了大学生不同的需求。这些需求是十分多样的，但主要仍是围绕德智体美劳展开的。其所需求的方式也各有不同，但每一种需求都是学生在发展过程当中真实存在的。

所以，在进行文化育人时，要让其中的文化教育观贴近学生的思想需求，这样一来，学生就会有更加强烈的求知欲，也更容易接受思想文化教育，所以其关系是辩证统一的。这就要求教育工作者在教育过程当中，要了解并学习学生所需要的思想需求，这样才能更好地促进学生的成长。让教师带领学生，让学生轻松学习、主动学习，两者才能更好地统一，才能从中受益。

（二）尊重思想政治教育规律

思想政治教育的内在规律，是由实践过程当中的内在和外在之间的矛盾运动所联系的。而思想教育的最基本矛盾，是其与人、社会发展两者间的矛盾。所以，这个矛盾让思想政治教育的规律成了以人为本、服务人民和推动社会进步的助力，并最终达到促进人的全面发展。但是，思想政治教育在运行过程中的矛盾是复杂的，这导致思想政治教育的规律是多样性的。也正因此，学术界对思想政治教育也有很多不同的见解，而且，不同学者对于思想政治教育的规律认识也是不一样的，有很多不同的分析。这些分析主要围绕思想政治教育当中的矛盾运动展开，例如思想政治教育和教师、社会两者的矛盾，教师和学生之间的矛盾等。这就要求教育者要学习不同的矛盾运动，才能准确地实践到教学过程当中来。所以，教师要深刻学习思想政治教育当中的矛盾运动的过程，以解决实践过程中遇到的各种矛盾。

(三) 尊重教书育人规律

高校教师的一大职责就是教书育人。结合目前中国的教育环境来看，教书育人指的是教师既要教会学生知识、锻炼学生能力，也要对学生进行思想政治的教育和社会主义核心价值观的引导，让学生不断增强对本民族文化的认同，建立其文化自信，为国家输出德育兼备的人才。教育的规律有一定的德育功能，教师在教学过程当中也应将德育加入教学内容，让教学有科学性和思想性。

随着自身的知识增长，人对自身的精神需要也会慢慢增长，也就会因此具备较强的道德意识。所以，对于教育者本身而言，要做到将教书和育人结合起来。不断的研究和发现表明，学生的思想品德是在不断学习的过程当中慢慢发展出来的。文化认知是大学生的行动基础。在提升大学生文化认知的过程当中，教师起着主导作用。由此可见，教师的教书育人也是一种特殊的文化育人，教书育人成为高校教育人的基本规律。所以，高校要实现文化育人，就要遵循教书育人的准则，不断提高教师的教育积极性，把教学和育人有机地结合起来，让整个教育工作拥有活力。高校老师应该不断发挥自己的优势，潜移默化地引导学生，不断激发学生的求知欲，成为学生成长路上的指路人，最大程度地发挥文化育人的有效功能。

总而言之，在校园的文化育人当中最为强调的，就是规律性。因此，在实施学校的文化育人时，需要做到尊重学生的成长规律，将思想与政治的教育规律以及教书育人的规律作为基本原则。

二、坚持合力育人的原则

对于大学生而言，大学校园是其学习文化与为人处世的主要场所，其中，校园文化对其有很大的影响力。

那么，什么是校园文化呢？校园文化是指以学生与教师的一系列文化活动作为主体，以校园的精神作为其底蕴，是由校园里面的每一位成员经过长期的学习而共同创造出来的属于学校所特有的物质与精神文明。主要包括物质文化、制度文化、精神文化三种。其中，精神文化位于核心位置，因为精神文化是由学校的所有老师与学生的价值观念共同构成的，所以具有主导作用，不仅体现了校园文化的灵魂，也是大学的文化与精神的体现。校园文化是随着大学教育发展的，它是全体教师与学生所共同创造的，主要反映了学校的历史发展与学校对于人才培养方面的成就。

校园文化的一大功能是育人。在校园文化的育人过程里面的前提与基础之一，就是校园的环境条件。只有健康且积极向上的校园文化，才能够使得大学生开展良好的学习，才能使其在潜移默化之中学到知识与技能，才能有利于学生综合素质能力的提高完善和人才培养。

从校园文化的结构与功能上来看，校园文化存在着系统性与复杂性。事实上，校园文化就像一个有机的整体一样，是由多种多样的要素组合而成的，各种要素之间相互联系、相互作用。校园文化的各个要素都是分布在不同的层面、领域与群体间的，因此具有一定的复杂性。随着国家与社会的不断发展，学校的事业也得到了很大进步，在校园文化方面也一直在不断地更新与发展。在校园当中，不断有新的文化流行、新的成果被创造，除此之外，也会有许多不符合当下的文化随着时间慢慢消逝。校园文化属于社会的文化系统之一，是校内与校外各种教育力量以及校园文化当中的各个要素互相影响与作用的一种产物。另一方面，校园的精神文化除了能够决定校园文化的方向及性质外，还可以决定校园文化的实现。

想要正确有效地发挥出校园文化当中的育人功能，一定要坚持其核心价值观，坚持合力育人的原则。一方面要发挥出学校的主要作用，加强课堂教学；另外一方面需要维系学校与家庭的关系，也要能够巧妙地利用社会上的资源，对于课内课外所组织的活动都能够进行科学的设计，为学生打造良好的学习环境。

面对全体师生大力宣传，培养他们社会主义核心价值观，并且依据此进行校园各个方面的建设，将其贯彻于校园的文化生活当中，并以此引领校园里各种各样的教育资源的运用，在真正意义上实现教化与育人。

第四节 高校文化育人的基本方法与体系

一、课程体系建设整体架构的重构

就学校而言，进行课程体系开发与建设首先应基于学校的教育哲学。学校独特的教育哲学思想和办学理念，是形成特色课程的第一步。由课程体系建设的方向定位学校的培养目标。因此，首先应该清晰理解学校的办学理念和育人目标。然后在此基础上确立现阶段工作着力点：围绕学校办学理念和育人目标，构建适合学生发展的课程体系，整体推进三级课程建设，促进学校发展。

课程体系建设的指导思想是科学、实践、开放。科学一系的建设要符合学生成长的规律和学科发展规律，要循序渐进；实践——关注学生在亲身参与中获得积极的体验；开放——关注课程内容的开放和学习空间的开放，最大限度地利用好社会资源，将学生的学习空间由教室内扩展到教室外。

（一）学校校本课程的框架设想

因为学生之间的个性差异比较大，为满足不同层次学生的需求，关注每一个学生生命的成长和自我完善，学校可以对三级课程进行重构：构建基础型课程、拓展型课程、特长型课程。

构建课程体系并不是国家课程、地方课程和现有校本课程的简单叠加，而是一个有各自目标、各自功能的有机整合。在国家课程"科学""研究性学习"中学习科学知识、研究方法，培养对科学的兴趣；在地方课程富有情趣的活动中，体验科学活动的过程与方法；在校本课程的拓展中，引领学生学习与周围世界相关的科学知识，帮助学生养成探究科学的习惯。

（二）课程建设的实践

1. 做"实"基础型课程

关注国家课程校本化实施，体现学科育人功能。国家课程是国家教育行政部门规定的统一课程，它体现了国家对学生素质的基本要求，是国家意志的体现。

第一，在完成国家课程（学科）的基础上，适当嵌入地方课程和校本课程内容，实现国家课程的有效延展。对国家课程进行二次开发，使之更符合学生、学校的特点和需要，减去了重复学习的时间，提高了学习效率。

第二，关注一个学科内部课程资源的有机整合，最大限度地落实课程目标。教师作为课程的实施者和建设者，为了更好地落实课程目标，应该具有合理整合课程资源的权利、义务和能力。为此，学校依据课程目标、教材特点、学生基础，在一个学科内部进行课程资源的有效整合，提高实施效益，最大限度地落实课程目标。学科内部的整合关注学生学习基础，保证整合的计划性与序列性；以教材内容为蓝本，找准整合点，有机地整合拓展，提高实效；深入研究常态课堂，明确改革思路，以高质量的常态课程保障整合效果。

2. 做"精"拓展型课程

提升学生综合素质，彰显学校特色的拓展型课程是在国家课程的基础上，依据学校办学理念和培养目标以及学生实际需求拓展、延伸、补充而开发的校本课程，面向全体学生，是彰显学校办学特色最重要的载体。

拓展型课程的系统化和多元化，丰富了学生的学习经验，延伸了学生的学习空间，开阔了学生的视野。学校通过课题引领、项目开发、专家指导、教师推进和研修改进等致力于开发和实施学校学科拓展型课程。

（1）开发学科拓展型课程并形成体系。学校在国家课程的基础上，进行二次开发，构建拓展型校本课程体系。

（2）开发综合实践类课程，形成品牌课程。综合实践类课程是在综合实践课程基础上开发实施的，课程不以掌握某一类知识为目标，而是强调对学生综合素质的培养。课程主要包含：①基于问题的研究性学习，依托主题研究，学生在教师指导下发现问题、研究问题、解决问题，初步了解研究的过程，培养学生的问题意识和研究意识；②社会实践活动，实践活动注重学生的体验，让学生在参与、经历过程中获得丰富的情感体验，形成积极的生活态度，养成良好的行为习惯，提高适应和参与社会的能力。

3. 做"亮"特长型课程

关注学生个性发展，特长型课程以社团和传统兴趣活动形式开展，面向学有所长的学生，促进他们的兴趣特长。把活动课程化，可以对活动进行系统的思考和规划，通过活动落实学科课程的生活性和实践性，激发学生对课程的兴趣，促进学生的多元发展。同时通过课程提升活动的价值和意义，使活动的时间和效果得以保证，扩大育人的实施效力。

（三）保障措施

（1）组织保障：为了确保课程建设各项工作顺利进行，学校成立以校长为第一负责人的学校课程建设领导小组。负责对学校新课程实施做出正确的决策和部署，把握课程实施工作的方向，协调实施工作中的各种关系，确保学校课程建设人力、物力、财力的各种基本保障。

（2）政策和制度保障：对参与课程实施有突出贡献的教师，在确定教师工作量、职称评定、聘任、评优、评先等方面给予优先考虑，为课程实施提供充分的支持。学校在管理和指导课程改革实施中建立相关制度，用制度来规范操作，用制度来加强管理。如行政例会制度、教学研讨制度、教师培训制度、评比奖励制度、家校协作制度等。

（3）经费保障：设立课程实施专项经费，每年拨付相应的款项用于课程实施的有关活动，确保经费落实，努力满足课程对教学设施和办学条件提出的要求，为课程实施的顺利进行提供必要的物质支持。

（4）专业指导：学校将充分利用北京市各级教育教研机构，充分利用北京师范大学等高校教育资源，形成专业的课程建设咨询指导队伍。

（5）舆论导向：学校通过多种渠道和形式，向家长广泛、深入宣传学校课程建设以及特色课程开设的目的、意义、内容及阶段成果，努力营造有利于国家、地方，尤其是校本课程实施的良好社会氛围，争取教师、家长和社会对课程实施工作的理解和支持。

二、"走进名家名篇"校本课程策划方案

素质教育给了学生最大的学习空间。其中，广泛的课外阅读也成了学生必修课。从"大语文观"的角度来看，广泛的课外阅读是学生学习语文不可或缺的一个重要组成部分，有助于学生形成良好的道德品格和学习习惯，为学生的自身发展、终身学习奠定坚实的基础。

引导学生将知识的学习与对世界的认识统一起来，使知识的学习成为促进学生身心健康成长的过程。这种过程本身就是知识与心灵对接的过程。阅读可以丰富学生的精神世界，可以将所知所学在阅读中吸收吐纳，在阅读中加深对这个世界的认识。

（一）校本课程的原则

（1）突出全员性。学生和教师全员参与，才能使"书香校园"校本课程的开发效益得到最大的发展。教师在"书香校园"校本课程的建设中不仅仅是策划者、指导者，更是阅读的先行者、体验者，要用自己的言行影响学生，把自己在阅读中的体会在教师之间交流，与学生交流。例如，借助学校的网络平台，发布推荐阅读书目，开展读书交流活动。

（2）强调指导性。读什么书，对一个人的精神成长很重要。然而，当今社会信息量大，书籍也鱼龙混杂、良莠不齐，所以不仅仅要创造条件引导学生好读书，更要指导学生读好书。

（3）体现课内与课外相结合。在信息化高度发展的今天，学生们已越来越不满足于通过一本书（课本）、一堂课（课堂教学）所获得的知识。因此，在现行的语文课堂教学中，要与课外阅读相结合。学校试图通过对现行教材与学生的课外阅读进行衔接和整合，从而构建课内外阅读相互沟通、相辅相成的阅读体系。努力通过课内外的贯通融合，激发学生的阅读兴趣，掌握一定的阅读方法，培养良好的阅读习惯，提高阅读能力。

（4）关注阅读的过程。阅读不仅仅是一个"吸收"与"吐纳"的过程，更是一个体验情感的过程。在这个过程中学生一定会有体会、体验、启发。在培养学生阅读兴趣、引导学生积极阅读时，可以开展各种读书交流、朗读等丰富的活动。在培养阅读兴趣的同时，关注学生阅读过程，让阅读真正成为学生的一种生活方式。

（二）校本课程的目标

（1）让学生在阅读中受到熏陶与感染，促进学生人格的发展，最大限度地激发出个人的发展潜能，并为其终生发展打下坚实的基础。优秀的文学作品中表达了人类最美好的情感，以及对美好理想的永恒追求。阅读可以潜移默化地影响学生，有助于学生形成正确的审美观、道德观、人生观。

（2）让学生在阅读中拥有快乐，使学生的生活更丰富。当学生全身心地投入阅读中时，他会打开全身所有的感官来捕捉、体验书中所描绘的一切语言文字，并将他以往的经验转化成色彩、声音、动作，转化成一幅幅栩栩如生的画面，呈现于他的脑海，使他身临其境，使他感受到欢乐、痛苦、喜悦、悲伤……

（3）让学生在阅读中积累知识、拓展眼界、开阔思维。一个人的人生经验由直接经验和间接经验构成，而人的直接经验是有限的，阅读可以弥补直接经验的不足。同时，学生在阅读中可以积累写作经验，继而通过写作来表达，很多学生之所以常常觉得作文没东西可写，很大程度上就是书读得太少。因此，"走进名家名篇"校本课程的开发，为学生创设了一个爱阅读的氛围，搭设了一个阅读交流的平台。

三、知识对接心灵的课堂文化

（一）教师对知识的把握是实现知识对接心灵的基础教师具有的学科

知识是胜任教育、教学工作的基础性知识，也是让心灵变得丰富和深刻的基础。一个教师对学科知识的认识，不仅决定着教师理解、驾驭教材的能力，还决定着教师参与课程开发的能力。更重要的是：只有教师具有丰富的学科知识，才有可能去创造一个真实、深刻和丰富的课堂，才能给学生以广博的文化浸染，让学生的心灵可以自由舒展，个性可以充分张扬。

在把握学科知识方面，教师应侧重了解知识的产生过程、知识之间的相互联系以及整个知识体系的框架，从中去理解学科知识本身的思维形式和思维方法。每一门学科都不只是知识和方法的简单汇聚，每一门学科在给予我们知识和方法的同时，更以学科文化的姿态改变人类的思维方式、开阔人类的视野、丰富人类的精神世界、增进人类的本质力量。所以教师还应掌握学科所提供的独特的认识世界的视角、界限和层次，甚至包括学者、科学家身上展现出的科学精神和人格力量，这对于增强学生的精神力量和创造意识具有重要的、远超过学科知识所能提供的价值。当教师将这些融入课堂时，会使教学更有文化的味道，让教学文化传承精神、启迪生命。

（二）逻辑的教学设计是实现知识对接心灵的保障

逻辑反映的是一种思维规律。课堂教学往往蕴含着很多的逻辑，如所学知识的逻辑、学生学习的逻辑、教师教学的逻辑等。因为每一节课都是教与学的有机统一，因此强调教与学两者逻辑的统一非常有必要。学的逻辑回答的是学什么、如何学的问题，也就是要完成的学习任务及具体的学习方法。教的逻辑回答的是怎样学的问题。教与学并不是割裂的，其最终目标是一致的：使学生在学习知识的过程中感受人类智慧的力量，体验思维的快乐，增强对自然、对人类的情感，从而形成完整的人格。

教的逻辑应当与人类的基本思考方式一致。这样的教学设计不仅考虑到学生的学习过程是一个由简单到复杂、由具体到抽象的逻辑过程，而且遵循了人类的认知规律。因为人类也是首先在生活中发现一些现象，然后对这种现象进行探究并提炼观点。教师只有重视知识传授过程中的逻辑性，才能使学生在知识的内化过程中得到潜移默化的逻辑思维训练，这一方面使得知识的内化更加扎实，另一方面使学生在构建自身知识结构、形成认识问题的方式和方法中，保持思维的连续性、灵活性和确定性，从而使人类文化的传承变得更加自觉，并不断创新、发展。

（三）课堂是实现知识对接心灵的主要途径

作为教育教学主要阵地的课堂，是实现知识对接心灵的主渠道。知识对接心灵的课堂类型，应该是充满智慧的课堂呈现和唯美的互动学习过程，从而营造变化、灵动、诗意与富有创造性的课堂氛围。

（1）智慧的课堂呈现。知识对接心灵的提出表明教育过程不是一个简单的知识"转运"过程，而是一个复杂的、充满活力的知识"改造"过程。对任何知识的理解、掌握总需要经历一个过程，因为过程给了学生思考梳理、用实践印证的机会。许多新的探索、新的认识也在过程之中得以重构，这就需要教师依据学生不同的认知特点，采用多种方法呈现学生学习的材料，为学生的学习创造出能够引发认知冲突和学习思考的情境个能激发学生乐于参与、关注和活动的"情"，并引导学生浸润于探索、思维和发现的"境"。

（2）唯美的互动学习。知识对接心灵的课堂学习是一个以知识为载体，生命与生命之间的对话过程，是在师生互动、生生互动中实现的一种生命历程。这种历程，是在教师的引导下，学生个体以自己的方式不断完善自己的认识结构，不断完善个体与世界、与他人、与自然相互关系的过程。这个过程，是尊重学生个体感受，引导学生个体在知识的学习过程中完善自己，成为最好的自己的过程。

四、迈向卓越的学校行为文化

学校应践行"以人为本"的管理思想，人本思想就是以关心人、尊重人、激励人、发展人为根本的思想。以人为本的思想中，"人"是多元的，既包括管理者，也包括被管理者，还包括管理的人文环境。在学校中，学校的领导、教职工、学生、家长和社区成员都会对学校人本管理的质量产生重要的影响。

（1）教师行为文化——同心协力，和谐相处。教师行为文化作为一种职业性的群体文化，是教师文化的一部分和显性表征。作为一种显性存在的教师文化类别，不仅是教师专业化的一个重要方面，而且对学生的影响也是直接的。师德是基础，抓好师德才能促进教学工作良好开展。

（2）以养成教育为核心的学生行为文化。学生行为文化是学生在学校活动中所表现出的特有的价值观念、思维方式、行为规范等，是良好学风、校风形成的基石，是学校文化的重要组成部分。良好的行为习惯培养是行为文化建设的一个重点。教育的核心是培养人的健康人格。任何一种良好的习惯，都必须有意识的培养才能养成，是通过训练、强化形成的。学生良好行为习惯的养成，必须依赖于一套行之有效的行为规范来作保证。

第一，强化爱国主义教育，践行社会主义核心价值观。爱国是社会主义核心价值观中社会层面内容之一。作为教师要把社会主义核心价值观融入教育、教学工作当中。

第二，加强道德规范教育，规范学生日常行为。将学生基本道德规范具体化、系列化，适应社会、时代对人的道德素质要求，充分体现德育在全面实施素质教育中的核心地位和在学校工作中的引领作用。

同一教育目标、内容在不同年龄的教育要求、方法、手段上有不同的侧重点。高年级学生的道德感逐渐转化为内部的、主动的、自觉意识到的道德体验，因此，应侧重运用"自省提升"的方法，引导学生依据一定的道德原则、规范、榜样人物，约束、规范自我，激励、提升自我。一个教育要求可以运用多种教育方法和手段的结合来实现。人的品德形成和发展要经历两种过程。一种是理性化的过程，即形成道德认识的过程。另一种是社会化的过程，即在社会交往和社会合作过程中需要扮演各种角色，处理个人与他人、个人与集体的各种关系，从中习得社会公认的道德规范。因此，在对学生进行道德规范教育的过程中，应该注重教育形式、教育方法和手段的多样化。

教师在对学生进行道德规范教育时可以采取以下方法：①环境熏陶法，即教师充分利用班级文化资源，营造良好的班级环境氛围，构建和谐的人际关系，使学生的道德品质得以升华；②榜样示范法。即通过他人高尚的思想、模范的行为启发、感染学生；③教育疏导法。即通过摆事实、讲道理、因势利导、循循善诱等方法，使学生形成正确的道德认知；④评价督导法。即对学生的认知、情感、言行等方面进行总结和评价，帮助学生正确认识自己，引导学生提高、完善自我。

对学生进行道德规范教育可以提高教师的育人素养。在进行基本道德规范序列教育过程中，首先是教师的示范作用。教师更加注重自身的仪表、言谈举止，深刻认识到以身作则、为人师表方能服人服心。教师应努力以高尚的情操、健康的人格塑造学生，引导学生全面发展。对学生进行道德规范教育还可以提高学生的文明道德素养。道德规范教育明确各年级的教育目标要求，教师要帮助学生们非常清楚地知道自己应达到什么样的道德规范要求，同时，形成同学之间互相监督、互相制约、自觉规范、自我约束（自律），从而养成道德好习惯。

（3）通过心理教育促进学生心理健康发展。良好的心理素质是优良的思想品德形成的基础，是有效学习科学文化知识和进行智力开发的前提，是引导学生正确交往、合作成功的重要手段，是促使学生掌握劳动技能的保证，是促进学生身体健康的必备条件。

心理教育在各年级的要求也是不同的，应将心理健康教育全面渗透在学校教育的全过程中。在学科教学、各项教育活动中，注重对学生心理健康的教育，这是心理健康教育的主要途径。对于一些有特殊需求的学生更要关注。学校成立了特需学生教研组，通过参加各级培训提高教师专业水平，促进融合教育。特需学生教研组按时活动，组织教师进行沙盘体验、案例分析，通过大型活动促进特需学生的发展，指导班主任做好特需学生心理辅导工作。

与此同时，学校可以与专业机构合作，对特需学生进行脑体综合训练，促进学生大脑认知能力、身体运动能力和沟通社交能力的发展，帮助学生获得更多健康、快乐和自信。学生发展中心经常关注特需学生的情况，多次与学生、家长和任课教师沟通，并及时记录、梳理，共同解决特需学生的棘手问题。

（4）组织系列主题活动，促进学生全面发展。通过这些活动结合时代特点，突破传统的育人模式，打破学科壁垒，将教育、教学进行有机整合和有效融合，更好地落实学校相关的德育纲要中的目标。

对一个人而言，优秀不是一种行为而应是一种习惯；对一所学校而言，优秀不是一时的展现，而是一种风气、一种精神，也就是一种文化。学校行为文化的实践，致力于研究提高其效率的途径和方法，并内化为师生的理念信仰和行为准则，达到文化层面的沉淀的过程。以学生养成教育为核心的学生行为文化，都是在努力践行学校育人理念，其最终目标是一切为了学生的发展。

第五节　高校文化育人实践及启示

高校作为推动文化建设的前沿阵地，同时也是文化传承与创新的重要场所，承担着培养担当民族复兴大任的时代新人的使命，需坚持新时代教育发展思想在文化强国战略下高校文化育人围绕培养德才兼备全面发展人才的目标，即在立德树人这个新时代高等教育的根本任务和核心目标指引和在马克思主义理论指导下，遵循教育发展规律；在教育理论指导下遵循文化发展规律，在新时代中国特色社会主义文化思想指导下遵循学生成长规律。我们应深度挖掘高校文化育人资源，积极探索文化育人的实践路径。

一、从创新性出发，提升高校文化育人的内生动力

创新是一个民族进步的灵魂，是一个国家兴旺发达的不竭源泉，也是中华民族最鲜明的民族禀赋。文化具有时代性，是时代发展的产物，

不同时代产生不同的文化，文化同时影响时代发展。高校文化育人在当前来说以新时代为大背景，新时代产生新文化，时代新人的发展需要与其成长特点相适应的创新方式与渠道来展开教育。由此，新时代高校文化育人需要内容、途径、机制等的重构。重构并不是否定历史与传统，相反，重构需要在继承中发展与创新。我们要善于把弘扬优秀传统文化和发展现实文化有机统一起来，紧密结合起来，在继承中发展，在发展中继承。只有实现"创造性转化和创新性发展"，才能激发高校文化育人的内生动力。

文化育人以"文化"为内容，以"化育"为方式，以"育人"为目标。从内容上说，以马克思主义为指导的社会主义文化理所当然要成为中国特色社会主义新时代高校文化育人的内容，也就是以中华优秀传统文化为活水源头，以革命文化为重要支撑，以社会主义先进文化为主体力量的一切精神财富，同时学习、吸收与借鉴世界先进文明成果的综合文化。育人内容综合体各类文化一脉相承、互相融合、互为联系，以社会主义核心价值观为引领，与时代同步，不断凝练文化精髓、扩充文化内容，引导青年学生在历史文化、革命文化与现代文化等知识内容的学习基础上获得真知、明辨是非、强化责任、提升素养，增强历史思维、辩证思维和系统思维。对于高校来说，建立并形成符合时代特征、特色鲜明、具有品牌优势并促进发展的文化内容体系是育人的基础。其中，精神文化是高校文化育人的核心内容，将精神文化与时代精神紧密结合，不断丰富内容，挖掘时代内涵，促进高校文化育人获得新发展是首要任务。从方式上看，高校文化育人的方法与途径需要在不断发展着的内容基础上持续丰富与创新，结合时代特点、学生特性、中国实情和高校实际，制定出既符合青年学生成长发展需求又切合高校学科文化与校园文化发展实际的实施策略。随着时代变迁与社会发展，青年学生的学习、生活条件与环境越来越好，同时选择性也越强，除课堂教学，学生可通过线上资源、线下培训、校园文化、社会实践等多方式获得知识与能力。高校文化育人方式应该根据内容特点与学生悦纳程度，综合普遍性与特殊性，采取灵活多样、交叉融合、新颖独特的形式，通过理论灌输、实践深化、活动体验、环境熏陶、榜样示范、媒体渗透等多种渠道，实现知识教化与价值引导。在具体的育人方式方法中，高校还需从教育对象的接受能力出发，将宏大叙事的表达转变为生活化叙事语言，将"大道理"转变为青年学生熟悉的"微表达"。从目标来讲，高校文化育人以培养德才兼备具有文化内涵的时代新人为最终目的。所有教育教学活动都围绕"兴文化、育新人"来开展。围绕高校心智健康成长需求，致力于青年学生全面发展并且以这个目标为根本要求，更新观念，创新思维，高校文化育人的成效才能凸显出来。高校培养出来的毕业生是最大的文化产品，产品质量需接受社会和国家的检验，必然要求文化青年具有崇高的信仰、坚定的信念、宽广的胸怀、严谨的态度、担当的精神。因此，只有保持对时代脉搏的敏感性，与时代同频共振，坚定创新步伐，因时而进、因势而新，最大限度提高文化增量，最高程度激活化育方式，高校才能产出适应新时期高校学生成才成人所需的知识与精神酵素，真正激活文化育人的内在驱动力，确保持续性发展。

二、从整体性出发，促进高校文化育人的协同发展

文化育人作为一项整体工作，需要各主体、要素与环节的协调与配合，形成全融合的整体育人工作体系才能达到目标。新时代高校文化育人呈现出新变化，首先，育人主体更加多元，从传统的思想政治教育理论课教师、辅导员扩充到专业教师、党团干部、班主任、心理健康教育专家、管理部门工作者等；其次，育人方式更加多样，传统的教师授课变更为多元讲堂，网络媒体资源优势越发凸显，精品课程、名家讲坛等网络课程应有尽有，与理论灌输、实践体验到文化熏陶等互为补充；再有，育人载体更加丰富，从常规的线下课堂发展到在线课程，在科研实践、媒介交往、资助服务、组织管理等方面发展为育人平台与载体；另外，育人场域更加广阔，从理论课堂延伸到第二课堂、实践场所、文化园区、社团组织、班级宿舍、网络社区等，可以说高校环境处处都是育人场所。这就要求高校对文化育人进行顶层设计，将文化育人上升到育人理念与大学精神层面，以师生现实需求为出发点，围绕培养具有新文

化特征的时代新人的目标，优化育人环境，充分发挥各教育主体力量，相互配合，互联互通，同向同行，实现良性互动，共同关注学生的时代特征，合理回应学生成长成才的发展需求，共创健康和谐校园氛围，培育良好的文化生态，形成课内课外、线上线下、校内校外动态立体的文化育人协同工作体系。

具体来说，构建责任落实机制，强化组织保障，成立党委领导下的专门组织机构，各院系与行政部门共同组成专家队伍，层层压实责任链条，上下联动，凝聚力量，将文化育人落实到位；完善学科体系建设，围绕高素质专业人才的教学目标与立德树人核心目标，将学科文化课程与思想政治教育课程有机融合，推动专业核心课程与通识必修课程、文化选修课程的质量提升，制定科学的培养方案，创建课程思政与思政课程的交互模式，发挥好课程主渠道作用；优化师资队伍建设，坚持资深教授、学科专家、教学名师、教师楷模深入课堂，同时聘请、邀请客座教授与行业专家等走上讲台，形成具有丰富层次性与多元交叉性的老中青专兼职师资队伍；改进校园文化建设，丰富第二课堂，形成统筹管理、集中指导、统一调配、整合资源、精品路线的健康校园文化氛围，点面结合，让学生在各类多彩文化活动中感悟社会主义核心价值观，并注重活动成果的总结与凝练，增加文化内涵，强化品牌效应，在春风化雨中实现育德化人；构建网络舆情引导、管理与保障机制，充分发挥网络媒体的积极效用，活跃第三课堂，设计出高校喜闻乐见的各种应用程序，让更多学子参与进校园文化建设中，畅通交流沟通渠道，占领网络平台，确保安全、可靠、绿色的网络生态；构建监测、评价与激励长效机制，文化育人是长期的系统工程，育人成效难以在短时间内彰显，这就要求各高校制定科学的监管体系与评价机制，将毕业生与用人单位纳入评价与激励系统，定期回访，实现动态跟踪，以一定时期内的毕业生在社会上的发展状况作为重要评价点，适时通过物质与精神激励在育人成果中具有突出表现的单位，实现良性循环与动态发展。

三、从长效性出发，夯实高校文化育人的持久成效

高校文化育人的过程说到底是发挥高校特有的文化影响力，以文化人、以文育人、以文培元，教育青年学生自觉提高文化素养，传承文化基因，形成文化自觉，增强文化自信，激励文化自强，塑造民族性格，成为具有时代担当的文化新人。文化是最深沉、持久、广泛的力量，对青年学生的影响也最深远，要切实发挥文化育人的持久成效，必须让青年学生真正内化于心、外化于行。文化育人目标的实现需要作为教育对象的青年学生通过行为表现外展出来。内生与外展的过程即是育人过程的统一，而衔接环节需要通过实践来实现。实践教育是高等教育必不可少的内容。

实践是认识的来源，实践又高于认识，人的认识只有投入活生生的实践并在实践中接受检验、丰富和完善，才能真正获得并提高思维能力，也才能指导新的实践活动。青年一代的成长离不开实践，青年学生在接受新文化的理论知识时也有投身社会实践与生产劳动的期待，他们获得新知识、形成新思维的渴望得到证实，他们对社会生活有憧憬、对未来人生有梦想，他们渴望投身实践，希望在社会上接受成长的洗礼，提高适应社会的能力，做好了在生活中体验、在社会中考验、在市场中检验的准备。这就需要增加文化育人各项教育实践活动的内涵，完善高校实践教育体系，建立专业教育与素质教育相融合的校内外实践机制，对校园文化进行深入设计与论证，迎合学生兴趣，顺应学生期待，符合学生需求，避免流于形式、浮于表面，发挥文化育人的长效性。在实践育人过程中，资源的开发与利用至关重要，一方面，每所高校都拥有自身独特的文化资源与品牌优势，这些本身就是社会主义先进文化的重要内容之一；另一方面，历史本身是教科书，高校在历史发展过程中积累了丰富的、具备理论功能与德育价值的文化因素，一大批蕴含着中华优秀传统文化与革命文化的历史档案为高校文化育人提供了厚实的载体。除高校外，一些文化研究机构、科研院所、行业企业等都拥有自身独特的人才培养优势与条件，新时代高校文化育人需要以更加开放的姿态向

社会开放，积极引入并充分整合社会有利资源，构建开放兼容的文化育人大场域。实践决定育人方式，不同的内容需要用不同的教育方式与层级实施，课堂教学实践、课外活动实践、专业深化实践、基础强化实践、竞赛训练实践、自主提升实践等方式适应学生发展实际，应综合实施，在实践体验中培养青年学生的爱国情怀、民族意识，同时培养批判精神和辨误能力，引导他们自觉提高思想境界和精神品味，形成正确的精神追求和价值观念，增强获得感与成就感，实现自我教育与自我成长。在实践教育过程中，客观的、科学的评价对青年学生至关重要，影响着作为文化育人客体的青年学生的心智发展是否健康。各高校可联系自身实际，遵循教育发展规律和文化发展规律，制定动态的、可持续跟踪并且操作简便的科学评价体系，评价方案应兼具公正性、开放性与时效性，接受校内外各界的客观评价，不断完善评价细则，并对表现突出的优秀学生及时给予嘉奖与鼓励，注重发挥表率作用，同时注重发挥评价的反馈指导作用，及时纠正一些存在的问题并给予正确指导，焕发育人活力，提升实践教育的鲜活度和吸引力，达到合规律性与合目的性的统一，夯实持久发力、持续多赢的育人成效。

第二章 高校文化育人的运行机制

第一节 文化育人的基本要素

事物存在是由基本构成要素做支撑的。文化育人是我国思想政治教育的一种活动形式，它包含三个基本构成要素：其一，教育者，是文化育人的主体要素；其二，大学生，是文化育人的客体要素；其三，文化载体，是文化育人的媒介要素。这三个基本要素决定了文化育人的发展和实现，如果基本要素缺失，那么文化育人将无从谈起。而且，文化育人的实现需要三个基本要素的相互配合，文化育人的实现从来不是基本要素的独自作用，而是基本要素相辅相成的结果。

一、主体要素——教育者

教育者是组织实施文化育人实践的主体，是文化育人的一个基本构成要素。文化育人主体是指以思想政治教育为目的，通过文化手段进行育人的主动行为者。这一主动行为者统称为"教育者"。教育者既可以是具有主动教育功能的组织，也可以是教育组织中的个人或者由多人组成的群体。本研究讨论的文化育人的施教主体是文化育人实践活动的真正设计者和组织者——人，即高校教师和从事教育教学管理的管理者。

教育者在文化育人过程中的根本职能是价值引导，即以社会要求为准绳，科学地影响教育对象，不断把教育对象的思想政治品德提升到社会需要的水平。具体体现在三个方面，即按照育人计划，组织、设计和实施文化育人活动。采取多样化的方式方法调动和发挥教育对象的主体能动性，本着价值主导原则引导教育对象思想品德向社会要求的方向发展。由于教育者在文化育人过程中的根本职能是思想政治教育，因而在教师身上具有共同的职业特点，其中最为突出的体现是如下三个方面。

（一）社会主义文化自信

文化自信指的是人内心对国家以及民族的文化产生的强烈的认同感，无论是实现中华民族的伟大复兴，还是实现中国梦，都需要人民群众对本国文化认同，对民族文化认同。文化自信的形成，需要教育的服务和支持，教育者是文化自信建立的重要指导者，具有重要的影响作用。正因此，教育者需要注意，作为学生的引导者，必须积极热情地投身于中国传统文化的传播当中，必须无比热爱社会主义文化，只有这样，教育者才能向学生进行文化自信的教育，这是教师作为文化自信传播者自身的职业要求和职业责任。

（二）传播社会主义先进文化的自觉

高校工作教育者必须认识到自身具有传播社会主义文化的责任和使命，要利用自己教育者的身份，传播中国故事、中国声音。教育者不仅是社会主义文化自信的践行者，还要带动他人成为社会主义文化的践行者。当代大学生的成长环境和以前不同，他们没有体会过真正的革命战争，也没有体会过社会主义建设的艰难和辛苦，很难深刻体会到我国的社会主义文化。所以，教育者应该承担起社会主义文化宣传与建设的责任，利用自身的职业，传播中国优秀社会主义文化，为学生解释澄清一些错误认知，加强大学生的社会主义文化认同。教育工作者必须始终铭记自身传播社会主义先进文化的使命与责任。

（三）具有文化价值主导性

社会主义人才的培养主要在于学校教师能否培养出合格的社会主义接班人，也就是主要在于教师的文化主导性。主导性，指的是教师在教育过程当中是否能够表现出积极的思想政治教育主导作用。同样，在文化育人的教育过程当中，教师也具有主导文化价值的作用。当前，全球化建设越来越深入，我国的改革开放也在不断深化，社会上出现了非常多的思想，各方的文化也在不断地冲击着我国本土文化的发展，我国整体文化表现出了多元化的发展趋向。社会主义文化想要在这样的环境下发展，就必须坚持文化主导与文化多元的共同发展。文化主导指的是以社会主义先进文化为主导及主要的文化育人方向，为我国大学生的文化发展提供营养，提供精神动力。

文化育人的主要执行者、设计者和组织者，是文化工作的教育者，教育者需要根据文化教育计划开展文化育人活动，并且要在活动当中体现我国的思想政治教育内容，以文化为主要载体进行文化渗透，能够有效地传播思想政治价值观念，能够让我国大学生的文化发展方向与国家的文化发展方向相契合。对于学生来讲，他们是文化育人活动当中的受教育者，学生时期是思想价值观念养成的主要时期，学生的思想价值观念还没有完全到达成熟阶段，表现出不稳定的特点，对整体文化的判断和领悟都有一定的局限性，很难对社会上各种各样的价值观念做出准确的判断和精准的选择。所以，教育者必须发挥出自身对学生文化价值观念形成的引导作用，也就是说，教育者必须始终坚持对文化育人的主导。

文化育人工作者除了做好以上工作之外，还需要注重教育过程当中显性思想教育和隐性思想教育的结合，特别是要注重文化对人产生的潜移默化的影响。教育者负责文化育人活动的策划、实施、主导，教育者更是文化育人活动不可或缺的施动者。正因此，在文化育人当中，教育者是文化育人的三个基本要素之一。

二、客体要素——大学生

思想政治教育活动针对的对象，就是思想政治教育的客体。客体主要分为两类：一类指的是人客体；另一类指的是事物客体，比如教育内容、教育方法、教育工具、教育资源等。思想政治教育活动的开展，主要是为了教育人。

大学生是受教育对象，在文化育人活动中主要的任务是学习，通过学习不断地提高思想道德素质。除此之外，大学生还要培养自己的积极性、主体性，要积极参与文化育人活动。大学生作为文化育人活动的客体，需要和文化育人活动的主体相互尊重，建立平等的关系。具体而言，教育者需要尊重学生的教育需求，也要遵守教育规律；大学生要接受教育者的引导和教育，最终通过育人活动实现自身素质的提升。

大学生还处于价值观未形成的阶段，也是价值观走向成熟的重要阶段。这一阶段，大学生具有如下特点。

（一）鲜明的主体性

大学生具有的鲜明的主体性，指的是其在接受社会主义文化的教育过程当中体现出来的对价值理念的主动选择、主动接受。自主地内化社会主义先进文化，积极地改变自身的行为与认知，将社会主义先进文化和价值理念应用到实践应用当中，并不断在实践当中提高自身道德素质，完善品德。对于大学生而言，教育者传递的先进文化价值观念属于外在客体，学生只有通过发挥自身的主体性，才能进行文化价值观念的吸收转化，最终才能有效地应用到实践当中。只有通过主体性的作用，才能收到文化育人的实际效果。如果大学生不发挥自身的主体性，那么教育是不会发挥作用的，从这个角度来讲，主体性更像是大学生的能动性、主动性，是作为受教育者的主体性。大学生鲜明的主体性，具体体现在以下方面：

大学生处于快速成长阶段，这不仅体现在身体发育上、体力旺盛方面，还体现在独立意识的增强、对外界信息需求的加强以及对信息反应的灵敏上，这些都是大学生主体性的体现。大学生会在文化育人的活动当中，积极地学习吸收先进文化思想，并且进行独立的判断、思考，做出具有自主性的选择和判断，大学生往往会在文化育人活动当中表现出积极探索、勇于实践、不断提升突破的特性。

虽然大学生作为受教育者具有自身的主体性，但对于文化育人活动来说，大学生是客体，文化育人活动的主体依旧是教育者，只有教育者才能发挥文化育人的主要作用。在文化育人过程当中，必须充分调动作为教育客体的大学生的主体性，让大学生发挥出积极性、主动性。

（二）极强的可塑性

大学生具备极强的可塑性。文化育人活动当中的可塑性，指的是受教育者的思想品德可以通过外在环境以及教育主体的作用发生改变，是可以被塑造的，可以让其向社会需求的方向不断发展。社会实践表明，文化观念的形成以及道德品质的形成，都是受外界环境影响的，并不是自主发展的，正是在外界环境生活实践以及教育的过程中，不断形成了文化观念以及道德品质。可塑性主要在于强调人的可教化性、交互性、生成性以及内在主动性。只有教育对象具备可塑性，才能实施文化育人教育，如果不具备可塑性，那么教育将毫无意义。

大学阶段是学生变化较快，且行为以及心理都非常活跃的阶段，很容易受到外界的不良影响，进而造成情绪极端、思想偏执、意识执拗。形成这些问题的主要原因在于，大学生的可塑性很强，发展并不稳定，所以需要进行文化育人活动，借助大学生的可塑性让其向着正确的方向发展，让大学生选择正确的文化价值观念，将正确的文化价值内化为道德素质。

文化育人活动的开展是有育人目的、有具体实施计划的，具备非常强劲的塑造性和教化性。育人文化活动的开展必须坚持学生本位，要积极调动大学生的主体性以及大学生的可塑性，要在尊重学生发展规律的基础上，帮助大学生形成正确的发展方向，整体提高大学生的道德素质。

三、媒介要素——文化载体

当今时代文化多元化发展，文化载体越来越受到重视。文化载体是思想传播的重要途径，思想政治教育活动只有利用文化载体展开，才能算是通过文化育人。所以，对于文化活动来说，文化载体是必不可少的，它是文化育人的媒介要素，它能够让文化育人主体和文化育人客体产生关联，能够使文化育人的三个要素相辅相成、相互配合、相互作用。与此同时，它也为文化育人提供了平台，可以说，文化载体是各种要素按照一定结构连接所形成的具有文化价值传播功能的系统。具体而言，文化载体主要有三个方面的意义：

首先，文化载体需要满足四个基本条件：其一，文化载体必须承载文化价值信息；其二，文化载体要能够联结教育主体和教育客体，实现主体和客体之间的信息传递；其三，文化载体要能够被教育主体运用和控制；其四，文化载体要能够引导受教育者、教化受教育者。

其次，文化载体形式多元，无论是物质实体还是文化活动形式都是多种多样的。在育人活动形式方面，有课堂形式的育人、有实践形式的育人、有校园文化形式的育人、有教书形式的育人、有管理形式的育人、有服务形式的育人；在文化发掘活动形式方面，很多文化建设都发掘和融入了思想政治教育的内容和理论；在文化物质实体方面，有绘画产品、书籍产品、影视产品、音像产品，还有图书馆、文化馆、博物馆等文化事业。

最后，文化载体并不是静态层面的概念，文化载体属于应用层面的概念。某种文化物质或者某一文化活动究竟属不属于文化载体，并没有固定的说法，如果它符合思想政治教育文化载体所需要满足的四个条件，那么它就是文化载体，反之亦然。举例来说，在某一篇文章当中，有一些内容蕴含了思想政治教育文化信息，但是如果只具有文化信息，则这篇文章并不能称之为文化载体，但是如果教育者利用这篇文章展开了文化育人活动，且受教育者受到了文章当中内容的教育与启迪，那么这篇文章就成为文化载体。也就是说，单纯具有文化信息，并不能说它是文化载体，只有当文化信息被教育者利用了，并且被受教育者从内心接受了，它才能成为文化载体。

文化传播必须依赖于文化载体这个媒介，从本质上来讲，文化能够实现发展最根本的途径，是信息的传播，也就是说，文化育人活动其实就是利用文化媒介进行的传播活动。从传播的角度来讲，媒介指的是书刊媒介、广播媒介、电视媒介以及多媒体媒介等。媒介的种类非常多，尤其是当今的科技发展快速，媒介种类快速增加，并体现出了一体化的发展趋势，比如很多媒介形式都倾向于向网络以及电子形式转变。但是，无论是哪一种媒介形式，只要符合育人文化载体的四个基本条件，就可以发挥文化育人的作用。

文化载体具有多种作用，具体而言：一是为育人活动的开展提供载体，提供信息传递的媒介；二是作为桥梁使育人活动的各个要素之间的联系有结构、有组织，加强了各要素之间的配合与联系，除此之外，还可以促进各要素的相辅相成，让要素更加协调、更加一致；三是作为文化育人活动的平台，为教育者教育方法、教育内容的创新提供了支持；四是教化功能，文化载体承载的文化信息能够教育人、改变人的思想；五是文化载体形式的多样化提高了文化育人活动的吸引力，进而促进育人效果的提高。文化载体的多种作用使得它成为文化育人的必备要素之一。

第二节 文化育人的实施条件

一、社会文化发展繁荣

文化的功能是"化人"，即影响人、塑造人。文化对人影响力的大小，取决于它所具有的文化势能和文化引导力，取决于它的先进程度。一个社会的文化发展进步成果，是这一社会文化的时代先进性的体现，也是这一社会文化的成熟程度的体现。一个社会的文化越先进，其文化发展就越成熟，其文化影响力就越强。

中国特色社会主义文化是中国共产党领导中国人民进行社会主义伟大实践中，党和人民所表现出来的社会主义共同理想、忠心爱国的民族精神、改革创新的时代精神和社会主义荣辱观的丰富展现。中国共产党领导中国人民在几十年的社会主义伟大实践中创造了具有中国特色的社会主义道路、发展模式，实现了快速崛起的目标，充分展现了社会主义先进文化的强大生命力，体现了人类文化发展进步的方向。在中国文化走出去的实践中，致力于展示中华文化魅力的孔子学院，在世界各国广泛开办。实践证明，中华文化已借孔子学院及其他诸多实践活动传向全世界。

在中国先进文化的建设和发展过程中，中国共产党先后提出了"为人民服务，为社会主义服务""百花齐放，百家争鸣""洋为中用，古为今用""教育要面向现代化，面向世界，面向未来""社会主义先进文化建设""文化强国""构建社会主义核心价值体系"等文化发展理念，并最终凝练形成了社会主义核心价值观这一中国先进文化的精髓。

走中国特色社会主义文化发展道路，要坚持文化一元性与多样性相统一，即在承认文化多元性的前提下，坚持中国特色社会主义文化发展指导思想的一元性；要坚持主体性与开放性相统一，既坚持文化的人民性、民族性，又不断推动文化走出去、引进来；要坚持公益性与市场性相统一，大力发展文化事业和文化产业，实现社会效益和经济效益的有机统一；要坚持核心价值与共同价值相统一，积极培育和践行社会主义核心价值观；要坚持传统性与创新性相统一，大力弘扬和传承中华优秀传统文化，推动传统文化的创造性转换；要坚持道路开辟与制度支撑相统一，深化文化体制改革，加强文化制度建设，完善配套政策措施。

在当代中国，从本质上讲，文化育人就是以社会主义先进文化影响人、塑造人和提升人，它更强调发挥社会主义先进文化的意识形态功能。社会主义先进文化自身的发展与成熟是文化育人必要的前提条件。

二、精神文化需求提升

新时代下我国科学技术和经济实力显著增强，整个国家慢慢地强大起来，人们的物质需求得到基本满足，在物质需求得到基本满足后，人们就会去追求更高层次的需求，即精神文化需求。

人的精神文化需要由低到高大致可划分为三个层级：第三层级是最基本的精神适存需要，一般表现为在社会与精神交往中产生的爱情、友谊、尊重、归属等；第二层级是精神发展需要，表现为人们对科学的思想理论、正确的价值观念、高尚的道德情操、坚强的意志品质的追求；最高层级是精神完善需要，表现为对理想人格的追求、对人生最高价值的追求、对自我实现的追求、对理想社会的追求等。

目前，我国已经进入消费需求转型、文化消费加速增长、文化消费结构优化、文化需求呈多元化发展的阶段，具体表现在：

第一，人们的消费需求转型。随着人们物质生活水平的提高，他们的文化需要得到了激发和释放，文化消费观念也随之转型。尤其是随着新型文化消费观念的兴起，人们的消费需求逐渐从生存型转向发展型、享受型，在基本的衣食住行等"刚性"物质需要得到满足后，人们开始注重与自身发展、生活享乐相关的教育、旅游、健美、娱乐等一些"软性"的消费，为了享受生活，人们开始热衷参加各种文化休闲娱乐活动。在人们消费需求转型的过程中，人们物质生活水平的提高和思想观念的解放起到了重要的促进作用。

第二，人们对文化消费的需要加速增长。随着人们生活水平的不断提高和消费需求不断向自我发展与享乐方面转型，人们的文化消费需要明显呈现出强速增长的态势。有学者研究表明，文化消费的增长速度和居民收入的增长速度具有高度的一致性，居民收入稳步增长强力拉动着文化需要的增长。近几年，人们对精神文化生活更是空前重视，人均文化消费每年都有所增长，与物质需要相比，人们对精神文化需要的增速更快，而且呈加速增长趋势。

第三，人们的消费结构优化。随着文化素质的提高，人们的文化品位也在不断提升。人们的精神文化需要，从满足基本的精神适存需要，到满足追求价值观念、思想道德品质的精神发展需要，再到最高层级的追求理想人格和自我价值实现的精神完善需要，由低向高，逐渐提升。为满足自己的精神文化需要，人们更加注重提高自身素质，开始学习现代化的新媒体应用技术、接受高层次教育，开始享用较高层次的文化产品及服务。高雅的精英文化不再是知识分子、专家、学者等少数精英分子专享的文化，而是日趋面向广大群众，成为更多人共享的文化。同时，大众文化也迅猛发展，成为人们不可或缺的精神文化食粮。

第四，人们的精神文化需求向多元化发展。当今时代新媒体技术日新月异、社会主义市场经济不断发展、马克思主义大众化深入发展、大众文化广泛兴起，社会提供给人们消费的文化产品和文化服务，内容无比丰富，既有精英的、高雅的，也有大众的、通俗的，涉及社会科学、自然科学、文学、艺术等一切领域；形式无比丰富，既有传统的，也有新兴的，通过各种各样的文化载体广泛融入人们的日常生活之中。随着文化生活品质的提升，人们的精神文化需要层次也在不断提升，呈多样化发展，如今培训教育、旅游、网络平台、数字娱乐日益升温，为进一步发展社会主义文化奠定了基础。

人对精神文化需求的提升，作为人的文化主体性发展的一个重要标志，是文化育人中不可或缺的人的能动性的体现，是实施文化育人的一个必要条件，而且人的精神文化需求层次越高，越有利于文化育人的有效实施。

第三节　文化育人的内在机制

文化育人的内在机制主要有四个：一是人化与化人的互动机制，该机制主要针对文化的生成；二是文化认同机制，在文化认同机制的作用下，个体思想得以形成；三是文化内化与外化机制，在该机制的作用下，文化知识能够升华为个体的思想，也能够影响个体在实践当中的行动；四是感染与模仿机制，无论是模仿还是感染，都能让受教育者产生类似的行为，模仿和感染对于文化育人实践活动的开展有非常重要的影响。

一、人化与化人的互动机制

从文化生成的基础看，文化总是以人的主体性实践为基础，是人依照自己的目的和意愿"向文而化"（即"人化"）。离开文化主体人的"向文而化"，文化便失去了可以生成的基础。人"向文而化"有两个角度：一是向外扩张，即按照"人"的发展需要和理想不断改变人的外部世界，使外部世界"人化"；二是向内完善，即按照"人"的发展需要和理想不断提升和完善自我，实现人自身的"人化"。其中，人自身的"人化"离不开文化的参与。无论是因为人作为一种历史性的文化存在，还是因为人作为世界不可分割的一个重要组成部分，人的提升与完善都离不开外部世界文化的孕育和影响，都要经历文化"化人"的历程。文化像人的血脉一样，贯穿在特定时代、特定民族、特定地域的总体性文明的各个层面中，以"自发的""内在的"方式左右着人类的生存活动，从这个意义上说，"人化"与"化人"共同构成文化生成的基础，二者均不可或缺。从文化生成的历程看，文化是在"人化"与"化人"的双向历程中生成的。人创造文化，文化也塑造人。人与文化是一种双向构建的关系。这种关系主要体现在两个方面：

一方面是人向文而化，简称"人化"，即人通过社会实践，将外部世界对象化，创造出丰富多彩的文化。人将外部世界对象化的过程实际上就是人"向文而化"的过程。人在向文而化的过程中创造文化，发展文化。

另一方面是文化"化人"，即人在外部世界文化的孕育下不断发展、提升。在文化化人的过程中，看似没有直接创造新的文化，但是促进了新的文化主体的生成，为进一步的文化创新发展奠定了基础。从这个意义上说，文化生成于"人化"与"化人"的双向历程中，是人与文化相互构建的结果。

文化生成的内在机制体现在"人化"与"化人"的互动过程之中，这一互动过程就是人类文化的原初生成和当代生成的共同规律。"人化"与"化人"作为文化生成的双向历程，二者彼此交融、循环往复、互生互动，文化就是在二者之间永不停息的双向互动中不断地生成着、发展着。

文化育人的过程是通过加强社会主义先进文化建设来促进人的全面发展的过程。在这一过程中,社会主义先进文化的发展与人的全面发展相辅相成,相互促进。其中,"发展社会主义先进文化"是人向文而化即"人化"的过程,是"人"对"文化"的构建;而以社会主义先进文化促进人的全面发展是"化人"的过程,是"文化"对"人"的构建。从这个意义上说,文化育人的过程实质上也是"人"与"文化"双向构建的过程,文化育人的价值就是在"人化"与"化人"的互动机制中得以生成和实现的。

从"人化"与"化人"的互动机制可知,实施文化育人要着重从两个方面下功夫:一是加强社会主义先进文化建设,在具体的文化育人活动中就是加强承载社会主义先进文化的文化载体建设,以增强文化化人功能;二是加强人的主体性建设,促进人的全面发展,以增强人在发展社会主义先进文化中的本质力量,即提升"人化"水平。

二、文化认同机制

文化育人主张以文化来感化人,注重将文化知识转化为个体内在的思想,让个体能够自觉地在行动中践行文化自信。对于文化育人来讲,文化认同是实现文化育人的重要步骤。认同,指的是个体对外界存在的意识、价值、观念以及情感所产生的趋同心理,这种心理能够促进个体行为的自觉。认同包含很多方面,比如民族层面的认同、国家层面的认同、文化层面的认同等。文化认同属于认同当中最核心的一种认同,包括个体对民族、对国家的认同,它所肯定的是整个民族以及国家的文化价值观念。换言之,在所有的认同形式当中,文化认同能产生最深刻、最持续的影响。文化认同涉及文化理念、文化思维、文化规范,这些都会影响个人的价值取向以及价值观念的发展。对个人而言,文化认同是文化内化的发展前提,对于国家以及民族来说,文化认同也是国家凝聚力、国家持续发展的精神支柱。文化认同是先进文化和受文化教育的受教育者之间的桥梁,先进文化需要通过文化认同这个中转站实现向受教育者的文化输出。也就是说，文化育人功能想要实现，必须依赖文化认同这个桥梁。

文化认同主要分为两类：一类是外显认同，一类是内隐认同。两种认同既保持相对独立，又保持紧密联系，共同促进彼此的发展。首先，外显认同能够带动内隐认同的发展，内隐认同的发展又反过来促进了外显认同的进步。通常情况下，文化内化是从外显认同开始，并逐渐向内隐认同的方向构建的，文化认同始终是文化内化能够形成的前提条件。

文化认同机制存在于外显认同与内隐认同的认同过程当中。外显认同代表个体明确的选择和其所认定的某一种文化的价值，表现出的是个体态度的转变。从社会心理学的角度出发，个体态度转变主要历经三个阶段：

首先，服从阶段。这一阶段个体表现出的是短暂性的顺从，可能是由于外在的权威或者是压力而不得不选择顺从，服从和认同不同，服从是表面上的，认同是发自内心的；服从更多的是个体对外部所提出的要求的一种配合，即你要我怎么做我就怎么做。

其次，认同阶段。认同代表主体不再是被动接受，而是开始了主动认可，认同体现出了个体自我的主观判断和选择，认同阶段的个体判断，是思想层面上的，但还没有深化到实践层面，思想仍容易受到外界的影响变化。认同是思想内化的前提和基础。

最后，内化阶段。内化代表个体已经对文化价值产生了固化性。固化性指的是文化价值从外在转化为内在形式，并且稳定存在，是彰显在实践当中的一种固定的行为习惯。内化是个体态度的最终表现形式，和服从阶段的"你要我怎么做我就怎么做"的想法不同，内化阶段是"个体想要怎么做就怎么做"的阶段。

总而言之，个体态度的变化是从被动服从的"你要我怎么做我就怎么做"向主动践行的"我要怎么做就怎么做"的转变。在态度的转变当中，外显认同强调个体自主作出的判断与选择，强调让个体积极主动地接受外在社会文化价值。外显认同作为被动服从和主动内化的中间过程，很好地实现了个体从被动到主动的转变，使整个态度转变环节非常顺利，发挥了不可替代的作用。

内隐认同，指的是个体接纳外在价值观念的过程，也是非常重要的认知方式和学习方式。通常情况下，内隐认同发生在潜移默化当中，对个体产生的影响比较隐秘，所以叫内隐认同。具体而言，内隐性主要体现在个体的观念变化、思想变化，发生在不知不觉当中。一般而言，外在观念对个体内在的改变都是通过内隐认同的方式实现的，也就是说，个体思想文化的形成其实是个体主观对外在文化的内隐认同。内隐认同是外在文化作用于个体的桥梁，只有通过内隐认同，外部文化才能实现对个体内在价值以及观念的改变。

文化认同是外显认同与内隐认同的共同作用。虽然文化的内化是在不知不觉中形成的，主要依赖内隐认同，但是外显认同的作用也是不可忽视的。外显认同是个体感知外界并开展学习的重要方式，其思想的形成也离不开外显认同。文化的内化必然是外显认同与内隐认同的共同作用，二者缺一不可。如果只有一种认同，将无法形成文化内化，可以说，外显认同和内隐认同是个体形成自我思想的重要机制，对于文化育人的实现有着不可替代的作用。所以，要想实现文化育人活动的顺利开展，就必须同等重视外显认同与内隐认同。

三、文化的内化与外化机制

文化价值观的形成是后天环境作用的结果，需要经历文化内化与文化外化的发展过程，文化育人最终是要受教育者接受文化价值观念，而文化从外在到个体内在的转化也同样离不开文化内化与文化外化。

（一）客体主体化的过程

文化育人的本质是外在的思想价值观念"客体主体化"的变化过程。文化育人，主要是想通过文化达到培养和塑造个体的目的，是想要实现文化的教育功能。想要实现文化的教育功能，就要将本来属于客体的文化价值进行主体化，切实地让个体发生变化。也就是说，文化育人的过程是主客体之间相互作用的过程。需要注意的是，这个过程并不是价值从无到有的产生，而是价值从可能向实现的转变、从潜在到显在的转变、从客体到主体的转变，也就是客体主体化的转变过程。

（二）客体主体化的基本环节

文化价值的客体主体化转变过程主要涉及两个环节，也就是文化的内化与文化的外化。需要注意的是，客体主体化并不是直接将客体作用在主体上，也就是说，并不是客体单向地作用于主体，而是主客体之间的相互作用。作用先从文化内化转变到文化外化，然后再转向更高层面的内化与外化的作用过程。文化内化环节指的是文化的价值观念、道德内容被受教育者接受和认可的过程，是将外在的文化转化为受教育者自身的认知、思想以及信仰的过程；文化外化环节指的是受教育者将形成的文化价值与文化观念实践到具体的外在环境中的过程，也就是转化为行为的过程。

通过文化的内化与外化两个基本环节，文化价值观念从外在转化到了受教育者的内在价值观念当中，又在受教育者的行为作用下表现为外显的行为习惯，进而实现了文化价值从客体到主体的转变。这个转变，就是文化思想价值的客体主体化过程，文化价值的客体主体化过程，就是个体形成思想品德的过程。

（三）内化与外化二者辩证统一

文化的内化与文化的外化之间，是辩证统一的关系，二者关系的辩证统一主要体现在三个方面：

首先，内化和外化存在内在统一。二者都是为了更好地塑造个体、更好地培养个体的行为习惯，而且二者的开展都需要以教育实践为基础。

其次，内化和外化相互依存，互为发展条件。文化的内化环节是外在文化转变为个体内在文化意识的过程，能够让个体形成新的文化思想、文化观念；文化的内化是外化能够进行的前提，文化的外化环节是个体形成的新的文化价值输出的过程，也就是个体将思想转化为实际行为的过程。文化的外化是内化的具体体现，也是内化过程最终要实现的目的。

最后，内化和外化彼此渗透，融会贯通。文化的内化环节中，个体的思想形成离不开思想的实践，外化环节行为实践也需要思想的指导。可以说，文化的内化和文化的外化之间是相互渗透的，并不是完全独立的，二者在某种程度上的渗透融合有利于二者的发展与转化。

（四）实施教育的重要阶段

无论是文化的内化阶段还是文化的外化阶段，对于思想政治教育来说都是非常重要的。在文化的内化环节，实施教育的教育者需要通过文化载体将文化思想价值观念传递给受教育者，让受教育者感受文化价值观念，让受教育者进行选择与判断，最终形成个体自主的文化价值与意识。教育者在进行文化的外化环节的教育时，需要帮助受教育者将其所形成的新的文化意识转变为外在的行为和习惯。文化的内化阶段和外化阶段都需要教育者发挥文化育人的主体作用，如果没有教育者作为推动，如果没有教育者精心的安排和设计，那么无论是文化的内化还是文化的外化，都无法实现，文化育人更是无从谈起，因为文化内化与文化外化是文化育人形成的前提和基础。也就是说，内化和外化是实现文化育人的基础，对于文化育人的实现来说必不可少。

第三章　高校文化育人的创新路径

第一节　坚持文化育人的基本原则

一、坚持马克思主义指导原则

马克思主义是 19 世纪中叶马克思恩格斯创立的革命学说，包括马克思主义哲学、政治经济学和科学社会主义三方面基本内容。它立足于无产阶级的立场，客观阐述了人、自然和社会发展的一般规律，深刻地剖析了资本主义社会的根源性问题，并科学地预测了资本主义必然灭亡、社会主义必然胜利的历史发展趋势。马克思主义产生以来，为广大无产阶级认识社会、改造社会提供了强大的思想武器和理论指导，成为无产阶级认识世界和改造世界的世界观、方法论。

马克思主义是对客观存在的事物本质及其规律的正确反映，以实践论和历史唯物论为基础。马克思主义的生命力在于它与具体的社会实践相结合，指导人们利用新技术，掌握新理论，解决新矛盾和新问题，并随着社会历史实践的不断发展而不断丰富和完善，具有与时俱进的理论品质。随着时代的变迁和科学技术的迅猛发展，自然条件、人类社会面貌、人的思维水平发生了翻天覆地的变化。马克思主义需要与具体的现实情况和科学发展状况相结合，坚持与时俱进、与人俱进、与科技发展俱进的基本原则。也只有与时代发展相契合，与人们的思维水平和科技发展状况相融合，马克思主义才能为人们的社会实践提供理论指南。

马克思主义一经传入中国，便开始与中国实际相结合。中国特色社会主义理论体系就是马克思主义中国化的结果。这一理论体系最具时代气息，最能解决中国实际问题，对中国特色社会主义现代化建设具有切合实际的指导作用。

实践证明，坚持以马克思主义为指导是中国特色社会主义事业顺利进行和健康发展的基本前提。当前，我国处于社会转型期。传统思想与现代思想交融，本土文化与外来文化碰撞，导致思潮多样化、思想多元化，以各种不同形式载体承载的各类信息鱼龙混杂，为人们分析、辨别、选择、接纳各种信息带来困难，为人们学习中国特色社会主义理论、树立社会主义核心价值观带来障碍。在这种情况下，坚持马克思主义的指导地位，运用马克思主义的立场、观点、方法分析和鉴别错误思潮显得尤为重要。

中国特色社会主义文化是当代中国先进文化，它以马克思主义为核心和灵魂，以马克思主义为发展指南。没有马克思主义的指导，中国特色社会主义文化就会迷失方向，失去前进动力，就不能凝聚最广大人民进行社会主义建设。而文化育人是以社会主义先进文化来育人，在育人过程中自然而然地更加突出了马克思主义的指导地位。

作为一种教育方法和手段，文化育人在思想政治教育方法体系中占据重要的地位。思想政治教育方法体系从上至下大体上可以分为四个层面：第一层面是"马克思主义哲学方法"，居于宏观指导层面；第二层面是"一般科学方法"，具有普遍应用意义；第三层面是"基本教育方法"，处于中观操作层面，在思想政治教育方法体系中处于承上启下的位置；第四个层面是"具体教育方法"，处于微观的具体操作层面。从上至下，思想政治教育方法所处的层面越低，其方法的实践指向性就越明显，可操作性就越强，文化育人实践就越具体。其中，文化育人的方法处在第三个层面，是思想政治教育的一种基本教育方法。对上，它以马克思主义哲学方法为指导，以一般科学方法为基础；对下，它作为一种基本教育方法，下面还有许多具体方法作支撑，可以形成一个相对独立的文化育人方法体系。需要强调的是，马克思主义哲学方法在整个思想政治教育方法体系中处于最高层面，居于宏观指导地位，对其以下各层面的教育方法都具有指导作用。

二、坚持合力育人原则

文化育人的主要场所在大学校园，校园文化是文化育人的重要载体。校园文化是以师生文化活动为主体，以校园精神为底蕴，由校园中所有成员在长期的办学过程中共同创造而形成的学校物质文明和精神文明的总和。它主要包括物质文化、制度文化和精神文化。其中，精神文化由全校师生的价值观融汇而成，在校园文化中居于核心地位，起统领作用，是校园文化的灵魂。作为大学文化风格和大学精神的综合体现，校园文化伴随大学教育而生，既反映学校历史发展中的文化积淀和精神传承，也反映学校在培养人、造就人方面的物质成就和精神成就。它由全校师生所创造，以教学、科研、管理、服务、生活等各个领域的文化活动为基本表现形式。

校园文化具有重要的育人功能。校园精神文化（即全校师生的价值取向）不仅决定校园文化的性质和方向，也决定校园文化功能的实现。

要有效发挥校园文化的育人功能，必须坚持以社会主义核心价值观为统领，坚持合力育人原则，既要发挥学校的主渠道作用，加强课堂教学、校园文化建设和社团组织活动的密切联系，又要促进家校合作，广泛利用社会资源，科学设计和安排课内外、校内外活动，营造协调一致的良好育人环境。在校园师生中大力弘扬并培育社会主义核心价值观，并将其融于校园文化建设的方方面面，融于校园师生的文化生活实践之中，以此统领校园内各种教育资源，凝聚校内外各种教育力量，实现校园文化整体育人。坚持合力育人原则，要从整合各方面力量入手。

三、完善文化育人方法

（一）隐性育人法

隐性育人法就是教育者将思想政治教育信息融于大学生文化活动、日常文化生活或其所处的校园文化环境载体之中，并通过这些文化载体增强大学生的现实体验，发挥文化的价值渗透、陶冶情操和精神激励作用。隐性育人法作为文化育人的一种基本方法，它不是单一的一个方法，而是一种方法体系。隐性育人的方法主要包括渗透教育法、陶冶教育法和体验教育法。

1. 渗透教育法

渗透教育法是教育者将教育的内容渗透到受教育者可能接触到的一切事物和活动中，潜移默化地对受教育者产生影响的方法。它的教育方式多种多样，但都必须借助一定的文化载体如文化活动、文化环境、文化生活、大众传媒等来实现育人目的。运用渗透教育法重在寓教于境，通过文化环境中的文化价值渗透来育人。

2. 陶冶教育法

陶冶教育法主要是指教育者通过创设和利用各种有教育意义的环境、情境，对学生进行潜移默化的影响，使学生在道德、心灵、思想情操等方面受到感染、熏陶。陶冶教育法强调教育者通过营造一种轻松、愉悦、和谐的文化氛围和教育环境，并用美的形象化和愉悦机制使学生在轻松、愉悦、陶醉的心理状态下接受教育；强调通过情感的调动，激发学生的学习动机、想象力和理解力等。运用陶冶教育方法重在寓教于境、寓教于情、寓教于美。要以境陶冶人，通过校园文化环境的艺术性、教育性和具有文化意义的象征性来陶冶性情、激发美感；要以情陶冶人，通过学校领导和教师的人格魅力来激励和陶冶学生，以培养他们健全的个性；以美陶冶人，通过教育教学和环境中一切美的因素陶冶学生的情操。

3. 体验教育法

体验教育法就是通过组织大学生参与各类实践活动，引导他们在亲身经历中获得切身感受，形成深刻理解，并在感受中升华思想认知，形成正确的价值观的一种方法。体验教育法强调大学生的主体实践性，强调寓教于行，通过学生积极参与实践活动、亲身接触具体事物、了解事物现象，并透过现象看本质，发现事物的规律，使学生在实践体验中提升自己的思想认识水平和道德实践水平。大学生进行体验的方式有很多，如参与文明班团组织建设、青年志愿者服务、大学生"三下乡"、劳动锻炼、社会考察等方式，都可以使大学生从中受到隐性教育。

要充分发挥文化育人的隐性教育功能，就要立足于渗透教育、陶冶教育和体验教育，积极探索和创新各种具体的隐性教育方法，完善隐性育人的方法体系，以充分发挥各级各类校园文化活动、文化环境及文化生活的渗透和陶冶作用，增强学生的实践体验，进而实现文化育人的隐性教育价值。

（二）"场"式育人法

当文化对人产生影响时，它是以"场"的形式存在的。学校作为一种文化组织，实质上就是一种"文化场"，学校文化场是由学风、教风和校风、校园文化和环境、学校师生员工的精神面貌和社会舆论氛围等文化因素共同形成的一种精神力量。这种精神力量作为一种凝聚力、向心力和人们积极进取、奋发向上的动能，时时影响着每一位校园师生，这种精神力量即是文化的"场力"。"场"式育人法是当代高校文化育人中不可或缺的一种基本方法。为了增强育人实效，提高人才培养质量，尤其是随着文化全球化的深入发展，这种方法越来越受到高校的普遍重视。从大学文化建设的兴起到盛行就可以看出，高校对学校文化场的构建、对学校文化场力的锻造与提升的重视程度可谓史无前例。

从总体上看，"场"式育人强调"文化场"整体育人，强调通过文化场的辐射力量对场内人员进行精神激励、士气感召，并促使其在自省自悟中进行自我约束。"场"式育人法可涵盖的具体方法有很多，除了涵盖隐性育人法之外，还涵盖一些由显性育人延伸而来的一些方法，如激励法、感染法、约束法等。

（三）生活养成法

生活是教育之源，大学生成长的每一步都与平时的学习生活息息相关。生活养成法是指教育者把养成教育融入大学生日常学习生活的各个方面，并以"润物细无声"的方式让大学生在日常生活中自觉养成良好的行为习惯，全面提升自身的能力素质。生活养成教育不是大学生在随心所欲的生活中去进行漫无目的的自我教育，也不是教育者简单地对学生进行强制性的行为约束或行为训练，而是通过一定的教育手段促使大学生在日常生活中自我养成。这种教育方式体现了文化育人的生活实践原则，彰显了大学生的主体性，是文化育人不可或缺的一种基本教育方法。

大学生生活养成教育是融于生活的教育，有生活在就有教育在。从这个意义上说，生活养成教育是一项系统工程，是全员、全程、全方位的教育。全员教育是指大学生的学习生活涉及教育教学、科研、管理和服务等方方面面，需要全员参与。全程教育是指生活养成教育周期长，在整个大学期间都要结合大学生在不同成长阶段的生活实际，有针对性、有侧重地开展生活养成教育。全方位教育是指生活养成教育涉及的内容比较广泛，不仅包括高尚思想品行、良好个性人格和行为习惯的养成，而且包括良好的专业素养和人文素质的养成。同时，每一项内容中又涉及一系列的具体内容，如"高尚思想品行"涵盖热爱祖国、奉献社会、服务人民、文明守信、勤俭节约、艰苦奋斗等很多方面。"良好个性人格"的内涵也非常丰富。大学生的一切优秀品质和个性都涵盖其中，如自强、博爱、奉献、诚信、友善、勤奋、担当、文明、知礼、豁达、乐观、进取等。

第二节　构建"四要素"协同育人体系

一、提升教育者的价值引导力

(一) 教育者的价值引导使命

第一，文化育人强调思想文化引领和教化。它着眼于高校个体意义的生成，强调思想文化的引领和教化。所谓引领就是指引和导向，强调正面的要求和指导，强调主体对客体起主要的引导作用；所谓教化就是教育和感化，它强调要把政教风化、教育感化、环境影响等有形和无形的手段综合运用起来，强调客体在主体影响下自我体会和领悟的"渐变"，是把教育内化到人心的一种方式。引领和教化的过程密不可分，二者相辅相成，引领是教化的前提和基础，教化是引领的目的和结果体现。

第二，教育者肩负价值引导的使命。作为引领和教化高校成长的责任主体，教育者在文化育人过程中以立德树人、促进学生全面发展为己任，引导学生追求人生理想与价值，使其思想品德向社会要求的方向发展。他们在文化育人过程中占据着价值主导的地位，肩负着价值引导的使命。所谓价值引导者，就是通过设计、组织和实施文化育人活动，引导和帮助学生进行价值选择，实现生活意义。人的价值观念的形成过程实质上是由内而外的生成过程，是基于已有的知识、经验和价值观念，在自我需要的驱动下建构事物的意义。人的价值世界是个体在自主、能动的状态下生成的，而不是单靠外部力量就能塑成的。教育者的价值引导是通过潜移默化的影响和内心的感召，是以润物细无声的方式为学生提供精神动力，让学生充满追求人生价值的激情和斗志。

第三，教育者的价值引导职能及其体现。教育活动是一种以培养人为特征而构成的价值认识、价值选择、价值实现的特殊活动。从这个意义上说，价值与主体的情感、意志、选择密切相关。引导人追求价值、创造价值是教育的主旋律。教育者的价值引导职能主要包括引导价值认知、价值选择和价值实现，激发人对价值追求的能动性，促进人的价值世界的丰富和发展。

第四，教育者进行价值引导的基本要求。教育者作为学生发展道路上的重要"他人"，其使命在于唤醒生命，激扬生命，引导学生不断迈向更高的生命层次。教育者的价值引导不仅影响学生在校期间的发展，也将对学生的整个人生产生深远的影响。可以说，教育者承载的是一种生命重托，使命神圣，责任重大。这要求教育者在价值引导过程中要达到一定的要求。孔子说："其身正，不令而行；其身不正，虽令不从。"因此，教育者要培养学生成为什么样的人，自己首先要成为什么样的人。教育者品德高尚，行为端正，其本身就是一种宝贵的教育资源，对学生价值观的形成与发展具有潜移默化的影响作用。教育者具有的任何优秀品质都会通过自己的言行被学生所感知，并成为一种榜样力量，引导学生在价值追求和自我完善的道路上不断前行。

总之，良好的教育是引领学生自己"去观察""去感悟""去判别""去表达"。教育者不仅传承文化，更为丰富学生情感、磨砺学生意志、完善学生道德引路。他们凭借对学生的尊重与关爱感召学生的心灵，引领学生的成长。这对教育者自身的素质提出了内在的要求。

（二）教育者的价值引导力提升策略

教育者自身综合素质的高低决定其价值引导力的大小。教育者的综合素质越高，其价值引导力就越强。反之，教育者的综合素质越低，其价值引导力就越弱。要提升教育者的价值引导力，必须从提高教育者的综合素质抓起。教育者综合素质的提升，一方面来自学校多渠道的促进，一方面来自教育者自身的努力。

第一，在学校层面要多渠道促进教育者素质的提升。全国高校思想政治工作会议提出要从选拔、培训、实践、激励入手，整体推进高校思想政治工作队伍建设，保证这支队伍后继有人、源源不断。这是党对高校思想政治工作队伍建设的总体要求，也是党对提升高校教育工作者综合素质的基本策略。

第二，从教育者自身层面，要加强自我教育和自我完善。教育者要充分发挥自身的主体作用，通过各种方法不断提高自身的发展水平，提升价值引导力，其中最重要的是要抓好自身的理论学习和经常性的自我反思。

二、促进高校自主发展

高校是文化育人的教育对象，即受教育者。文化育人活动的成效最终要在高校的素质发展中得到体现。高校的文化主体性越强，文化自信水平越高，在文化育人活动中，对外在文化价值客体吸收转化得就越好。因此，要提高文化育人实效，必须促进高校的自主发展，主要从高校文化主体性和文化自信的培养入手。

（一）高校文化主体性培养

人是文化的主体，具有文化主体性。文化主体性就是人作为文化主体的规定性，体现在文化主体与自然、社会及其自身发生的主客体关系之中。文化主体在与他人和社会关系中表现为自主性，在对象性文化活动中表现为能动性，在与自我关系中表现出超越性。高校的文化主体性是文化育人的重要基础，高校的文化主体性是决定文化育人能否取得实效的一个重要因素。高校的文化主体性生成于对自我价值的需要和对文化意义的追求。从本质上说，价值观的发生、建构和发展与人的文化主体性的生成与提升相伴而行。在文化育人实践中，只有高校真正意识到自我价值需要和外在给予的文化价值意义，其主体性意识才能生成。

高校的文化主体性是在不断地文化认知、文化实践和自我超越中形成的，具有很大的可塑性和开放性。它可以通过主体性教育来塑造、培养和提升。主体性教育的宗旨是使每一个学生能够独立地面对世界，能够自主判断，自主选择，自主承担，实现学生的全面自由发展。文化育人要有效实现其价值，需要以有效发挥高校的文化主体性为前提，而要有效地发挥高校的文化主体性，就要有效地开展主体性教育，全面加强高校主体的建设。

高校文化主体性教育实质上是教育者通过各种渠道的文化教化向高校输送以核心价值观为统领的各种先进文化的价值和意义，使其自觉成为先进文化价值主体的过程。在这一过程中，高校在教育者的价值引导之下，通过对文化情境的感受、理解、领悟、内化、外化等一系列文化实践，逐渐认识自身的需要和外部世界对自我的意义，促进其价值意识和主体意识的建构。文化主体性教育是教育者"价值引导"与受教育者"自我构建"的辩证统一。它强调对学生兴趣和潜能的重视与培养，对学生自由和价值的尊重与肯定。其中，教育者的"价值引导"过程就是教育者通过文化教化来提升高校主体的文化认知，激发其文化主体性的过程；受教育者的"自我建构"过程就是高校在文化教化中自觉地、能动地建构自身文化主体性（即自我教育）的过程。从这个意义上说，在高校文化主体性教育中，无论是教育者还是受教育者，他们都是教育的主体，都需要得到充分的重视与尊重。无论是教育者的价值引领还是受教育者的自我构建，都要付诸实践，在实践中完成。因此，在文化育人中，实施主体性教育，加强高校文化主体建设，要从确立主体地位、提升主体认知和增强自我教育能力三个方面入手。

1. 强化"以人为本"，确立高校的主体地位

首先，要树立"以人为本"的教育理念。高校的全面自由发展是教育的根本宗旨，也是高校自身主体性（即本质力量）的体现，离开高校自身的主体性，其全面自由发展就失去了可实现的基础。从这个意义上说，以学生为本是高校主体性发展对教育所提出的内在要求。要确立高校的主体地位，首先要树立以学生发展为本的教育理念。学校的一切工作都要以培养人、发展人为根本出发点，一切工作都要着眼于满足学生的发展需求、维护学生的根本利益、促进学生的全面发展，一切工作都要坚持尊重学生、关心学生、理解学生、帮助学生，真正做到教育工作"一切为了学生，为了学生的一切"。

其次，要全面落实高校的主体性地位。学校要抓好顶层设计，以促进学生的主体性发展为本，合理安排各项教育教学和管理服务工作。一是要优化课程设置，加强跨学科、跨专业教育，注意各种课程人文精神的融入，丰富高校第二课堂素质教育活动。二是要通过教学质量监控评价等举措，引导教师建立师生相互尊重、平等交流、双向互动的新型师生关系，让教育成为师生思维碰撞、相互启发的过程，为学生主体精神的激发和主体作用的发挥创造有利条件。三是要优化教育培养方式，鼓励教育者做导演，把学生推上"表演"的舞台，引导学生在自主参与中正确塑造自己。四是要引导学生参与学校管理，鼓励学生多参与为学校

发展谏言献策、网上评教、后勤服务质量监督等活动，增强学生的主人翁责任感，发挥其主体性作用。要注意在各项工作中融入学校对高校的人文关怀，增强高校的主体性感知。五是要通过各种媒介手段，加强舆论宣传，大力弘扬"以人为本""以学生为中心"的教育理念，为学生充分发展自主性、能动性和创新性创造良好的校园文化氛围。

2. 强化"价值引导"，提升高校的主体认知

文化教化是文化育人的基本途径。简言之，就是教育者通过各种文化手段向高校输送社会主义先进文化价值观，并被高校理解接受，内化为己有，乃至外化为行动的过程。这一过程，对教育者而言就是进行价值引导的过程，它是提升高校主体认知的基本前提。教育者通过外在价值与意义的输送，激发高校的主体性认知需求，开启高校对自己人生意义与成长追求的思考。在高校文化主体性建设中，教育者要着重从以下几个方面进行价值引导：一是引导高校对自己的人生理想和目标进行思考，在更高远的精神追求层面提升主体觉知，树立共产主义的崇高理想和全心全意为人民服务的价值追求，树立社会主义、集体主义和爱国主义相统一的人生价值观，树立明确而具体的职业发展目标，进而拓展高校的主体性发展空间。二是引导高校对高校活意义和努力方向的思考，让他们认识到大学注定是为未来人生筑梦、为未来人生奠基的一个至关重要的阶段，认识到在大学中"内强素质，外塑形象"的重要性，认识到学会思考和进行价值选择和判断的重要性，认识到做好高校活规划的重要性，进而激励高校拼搏、进取，坚持正确的发展方向。三是引导高校正确认识成长成才规律，让高校认识到学生成长成才既有一般规律可循，也有个体的差异性和特殊性存在；认识到遵循学校培养计划和教育教学安排非常重要，而结合个人实际，个性化地发展自己也很重要。四是引导高校正确认识实践对学生成长成才的重要性，让高校懂得"实践出真知"的道理，认识到社会发展对学生创新精神和创造能力的迫切需要，使学生树立求真务实的实践精神，并在扎根实践中成长成才。

3. 强化"自我构建",增强高校的自我教育能力

高校"自我构建"是相对于教育者"价值引导"而言的,主要是指高校通过自我教育的途径来提升自我、塑造新我的过程。自我教育也称为自我修养,是高校主体能动性的集中体现。它主要包括自主学习、独立生活和自我构建三层内涵。其中,自我建构是高校主体性发展的最高境界,促进高校自主学习和独立生活,最终都是为了自我建构。

自我教育是高校自我意识发展到一定水平的产物,也是高校自我构建的重要途径。教育者在育人中要强化自我建构,通过各种途径引导高校进行自我教育。一是针对高校多样化的精神需求,用树立先进典型的方法开展示范教育,使高校学有楷模、行有标兵。二是贴近高校的思想和成长实际,以社会主义核心价值观为思想统领,组织高校开展各级各类校园文化活动(如网络文化活动及高校社会实践活动等),让学生在充满社会主义核心价值观的良好的校园文化氛围中去感悟、去思考,并在潜移默化中实现自我教育、自我完善。三是为学生干部和学生社团组织搭建平台,指导他们利用自身密切联系学生、贴近学生的组织优势,开展各级各类高校自我教育、自我管理、自我服务工作,鼓励他们自主设计开展内容健康、形式活泼的校园文化活动,使高校在组织活动、参与活动、观看活动中实现自我教育,提升个人综合素质。

(二)高校文化自信培养

文化自信是一个民族文化传承创新的精神基石,也是与他国文化碰撞交锋时的价值底气,是维护文化安全、彰显文化特性的一道重要思想屏障。可以说,拥有高度的文化自信是实现中华民族伟大复兴的基础,也是拥有正确文化价值观的体现。所谓文化自信,就文化群体而言,是指一个国家、一个民族、一个政党对自身文化价值的充分肯定,对自身文化生命力的坚定信念;就文化个体而言,是对中华民族传统文化和社会主义文化不仅怀有理解、认同和崇敬之心,更怀有进行文化传承、批判和创新的信念和勇气。作为国家重要的人才资源,高校对中华民族的文化认同程度如何,最终会影响中华民族文化的传承和发展。没有高校

的民族文化认同，教育者的价值引导就不可能成功，文化育人活动的实效就无从谈起。同样，没有民族文化认同，高校的文化自信也无从谈起。

第一，在内涵建设上，要以社会主义核心价值观培育为依托，引领传统文化走向现代化。中华优秀传统文化"可以为人们认识和改造世界提供有益启迪，可以为治国理政提供有益启示，也可以为道德建设提供有益启发"。但是，传统文化在其形成和发展过程中，不可避免会受到当时人们的认识水平、时代条件、社会制度的局限性的制约和影响，因而也不可避免会存在陈旧过时或已成为糟粕性的东西。社会发展需要与时俱进，需要坚持"从历史走向未来，从延续民族文化血脉中开拓前进"。因此，我们必须坚持古为今用、以古鉴今，努力实现传统文化的创造性转化、创新性发展，使之与现实文化相融相通，始终保持文化的先进性。

社会主义核心价值观作为国家主流文化的灵魂，它内涵着世界先进文明成果，吸收了中华传统文化的精华，蕴涵着先进文化的基本精神，是当代中国的先进文化。它的重大使命就在于引领中华民族文化在全球化发展的进程中走向现代化、走向世界、走向复兴。这是时代发展对中华民族文化"与时俱进"保持文化先进性"的要求，也是增强高校对民族文化认同的基础。从这个意义上说，要增强高校的民族文化认同，必须在内涵建设上，以社会主义核心价值观培育为依托，引领传统文化向现代化转型。

以社会主义核心价值观引领传统文化向现代化转型，一是要在去粗取精、合理继承的基础上，重点做好传统文化的创造性转化和创新性发展。只有有针对性地构建传统文化中缺失的现代性元素，完善我们的价值体系，才能有效整合社会意识，维护现代社会秩序。二是要在实现传统文化的创造性转化和创新性发展过程中，充分汲取传统文化中的思想精华和道德精髓，并结合时代发展的需求，深刻阐释传统文化中能够跨越时空、超越国度、具有当代价值、更富有永恒魅力的精神内涵。

第二，在表现形式上，要借助大众文化的形式焕发民族传统文化的时代生命力。大众文化总是以人们喜闻乐见且丰富多彩的形式，广泛地融于人民群众的社会文化生活之中，并潜移默化地影响着人们的思想和行为方式。高校文化价值观的形成也不可避免地要受到大众文化的影响。民族优秀传统文化与大众文化是相辅相成、相互促进的关系。民族优秀传统文化借助大众文化的形式，不仅会更广泛地深入人心，焕发出传统文化的生命力，还会让大众文化因承载民族优秀传统文化的价值内涵而拥有更高的文化品位，让高校在潜移默化中增强对民族传统文化的认同。

借助大众文化的形式焕发民族优秀传统文化的生命力，一是要以人们喜闻乐见的大众化方式来弘扬民族优秀传统文化；二是要全方位拓展民族优秀传统文化与大众文化融合的渠道，通过教育引导、舆论宣传、文化熏陶、实践养成、制度保障等，将民族优秀传统文化广泛融于大众文化生活的方方面面。此外，还要加强对大众文化生产者的教育和引导，强化其弘扬中华优秀传统文化的责任意识，用高质量高水平的作品形象地告诉人们中华优秀传统文化中的真善美。只有如此，中华优秀传统文化才能与大众文化在相互融合、相互促进中健康发展。

第三，在教育手段上，要把优秀传统文化融入学校教育的全过程，以实现文化育人。文化育人既是高校思想政治教育的一项重要功能，也是一个重要手段。作为思想政治教育的一个重要手段，文化育人具有明确的目的性和阶段目标性。在高校民族文化认同与文化自信缺失、社会需要广泛培育社会主义核心价值观的当今时代，文化育人的主要目标是针对当前高校的实际，结合社会主义核心价值观教育，将民族优秀传统文化融入学校教育的全过程，融入高校日常学习生活的方方面面，并以教师价值引导与学生自主构建相结合、显性教育与隐性教育相结合的综合性教育手段，实现以民族优秀传统文化育人。

把民族优秀传统文化融入学校教育的全过程，一方面要注意在课堂教学、社会实践、校园文化、日常管理、生活服务等各个教育环节上融入；另一方面要注意在高校的"知""行"以及"知行合一"环节上融入。高校接受民族优秀传统文化教育，汲取先进的文化知识就是要实现知"道"、体"道"、行"道"、悟"道"的内在统一，并在四者之间形成良性循环。此外，要通过各种活动载体加强对学生日常行为的监督和引导，使高校在认知与实践的循环促进中增进对优秀传统文化的理解与认同、自觉与自信。

三、优化文化育人环境

环境作为文化育人的基本构成要素之一，在文化育人过程中对教育客体——高校具有重要的影响。文化育人的环境是指高校赖以学习、生活和成长的文化环境，主要包括校园文化环境和网络文化环境。要充分发挥文化环境对高校的积极影响作用，提高文化育人实效，一个重要举措就是优化育人的文化环境。而优化文化育人环境重在加强校园文化和网络文化建设，尤其要从建立健全文化建设机制入手。

（一）建立健全校园文化建设机制

校园文化，这里特指传统意义上的校园文化，由物质文化、制度文化、精神文化构成。从文化育人的角度看，作为大学不可或缺的重要组成部分，校园文化是高校赖以学习、生活和成长的文化环境，对学生具有重要的导向、激励和规范的功能。校园文化是文化育人所依托的最重要的文化载体，对高校而言是不可或缺的一种外在的给予。文化育人价值的实现离不开校园文化功能的发挥。因此，文化育人工作一项极其重要的内容就是要加强校园文化建设，尤其是要构建起一套行之有效的校园文化建设机制，为全面优化校园文化环境提供保障。

第一，构建校园文化建设的组织管理机制。全校上下各级组织、各个职能部门和全校师生员工都要共同参与校园文化建设。因此，要建立健全由学校党委书记负总责、党政协同、各级各类工作组织一把手负责具体落实、学生群团组织共同参与、团结协作的组织管理机制。学校党委要掌握文化建设规律，抓好顶层设计，研究确定校园文化建设的总目标、总任务、阶段性建设计划，组织制定科学、合理、可操作性强的校园文化建设总体实施方案。学校党政领导要密切关注校园文化的建设和发展情况，洞察文化发展走向，亲自参与各项校园文化建设工作的重大决策，落实任务，主动解决在校园文化建设中遇到的困难和问题。要建立领导责任制和目标管理体制，明确各二级单位和各职能部门的领导责任、文化建设目标和任务，把校园文化建设的既定目标、任务分解，确定各单位的工作职责范围，在纵向上层级负责，一级抓一级，层层抓落实，在横向上分工协作，互补联动。

第二，构建校园文化建设的激励引导机制。校园文化建设的主体是全校师生，他们的工作动力和参与积极性直接影响着校园文化建设的质量和水平。因此，要增强校园文化建设实效，除了要有健全的组织管理体制之外，还需要在挖掘现有人力资源能动性、积极性方面下功夫，建立健全校园文化建设激励引导机制。要坚持以人为本，增强对全校师生员工的人文关怀，充分保证师生员工能够享受到各项应有的福利待遇，如增加经费投入，改善教师的生活和工作条件，满足他们的生存和发展需要，完善各种高校奖助帮扶政策，改善高校的学习和生活环境，让他们充分感受到学校对大家的关怀与爱护，激发他们的爱校、荣校热情，调动他们的学习、工作、创新积极性，为繁荣校园文化发挥更大的潜能。要建立竞争机制，通过实施各级各类精品文化建设工程，鼓励师生员工在各个领域进行文化建设和文化创新；通过奖先评优、树立先进典型等建立"创优争先"激励导向，营造一种相互"赶、超、比、学"的积极向上、锐意进取的校园文化氛围，激发广大师生员工的文化创新热情，满足其精神文化需求；要建立约束激励机制，通过各种必要的管理手段或惩罚措施，强化师生员工的底线意识，增强正向思维，抑制、消解不良的校园亚文化，激励广大师生员工自觉规范自身行为，积极进取，将内在动力外化为实际行动。

第三，构建校园文化建设的保障机制。开展校园文化建设需要有一些必要的条件保障，如必要的物力、人力、财力投入，必要的规章制度的建立。这些都是校园文化建设最基本的保障，离开这些条件保障便不可能有效地开展校园文化建设。因此，加强校园文化建设必须构建好保障机制，获得物质、人员队伍和制度等各方面的支持。要重视校园文化建设的物质保障，增加"硬件"设施投入，改善物质文化环境，如建设符合学校教育特点的文化场（馆），文化亭台、墙、廊，音乐厅，文化景观石，校园广播（电视）台、校刊（报）、宣传橱窗等。完善的物质文化设施是有效开展文化活动、提升校园文化品位的重要基础，也是校园文化建设的基础"硬件"保障。要重视校园文化建设的人才队伍建设。学校要按照校园文化建设的组织体系，有针对性地组建校园文化建设人才队伍，培养骨干力量。要做到明确岗位设置，明确岗位职责，有针对性地进行人员配备。要关心校园文化建设方面的精英骨干的切身利益，激发他们的文化创新热情，提升他们的精神文化感召力，培养一批能够引领校园精神文化、推动校园文化发展的人才队伍。要重视学校制度文化的培育。制度是具有明确目标系统的高度组织化和规范化的约束手段，是校园文化建设内在规律的反映和要求，它集中反映了校园文化建设的内在规范性。学校要通过健全组织机构、完善规章制度、优化工作机制、规范各级管理来有针对性地培育制度文化。要通过有效的制度安排，发挥制度的约束和引导作用，如通过各种管理规章，加强对各类报告会、研讨会、讲座、论坛的管理，确保校园内传播的各类信息言论不偏离主流文化方向，进而借助制度文化的影响力规范师生的行为，巩固校园文化建设的成果。

第四，构建校园文化建设的考核机制。校园文化建设事关大学人才培养质量的提升，事关大学精神的培育与升华。作为大学的软实力建设，它具有明确的目标、任务、组织管理和建设工作体系。要有效开展校园文化建设，必须构建起一套行之有效的考核评价机制。要制定切实可行的校园文化建设工作考核指标体系，量化考核标准，明确考核要求，把各院系、各职能部门及各个工作领域教职工的校园文化建设工作纳入年度考核中，结合工作实际，建立各级领导责任制和政绩考核制度，对照领导干部各自的校园文化建设工作目标和任务，进行年度考核。把教职工在校园文化建设方面取得的业绩（如在教学、科研、管理、服务方面取得创新成果或作为各领域工作精英被校内外媒体宣传、为师生传递正能量等）也纳入到年度考核中，并把考核结果与奖先评优、职务职称晋升挂钩，以激励和引导教职工结合自身岗位工作积极参与大学校园文化建设，为教育引领师生、繁荣校园文化贡献自己的力量。要建立校园文化建设的指标测评体系，建立科学合理的评估机制。学校要在规范测评指标、细化测评内容、完善测评办法的基础上定期组织测评，确保校园文化建设在不断总结经验、克服不足中创新发展。

（二）建立健全网络文化建设机制

与传统意义上的校园文化相比，网络文化具有信息的丰富性、资源的共享性、空间的虚拟性、交流的互动性、主体行为的平等性等方面的特征，在促进先进文化传播方面有着独特的优势。骆郁廷指出，网络文化是"校园文化发展的新形态"，是"文化交流的新载体"，是"大学德育的新渠道"，是"学生发展的新平台"，是，"学校文化软实力的新拓展"。网络文化是校园文化的延伸，它既是校园文化的一个组成部分，又与社会紧密联系。网络文化建设同校园文化建设一样，也是一项复杂而系统的工程，需要学校从组织保障、舆情引导、网络管理、舆情监控等方面进行机制构建。

1. 建立一套完整的组织保障机制

学校党委书记要亲自出手，并鼓励建立网络文化建设工作领导小组，吸纳学校信息办、网络中心、宣传、教师管理和学生管理等职能部门的负责人作为成员。结合各职能部门和各二级单位的工作实际，明确其具体的工作职责、工作要求和工作规范，各单位要有领导负责网络建设和管理工作，指定负责日常网络舆情的信息员，建立健全各种规章制度，规范校园网络言论。

2. 建立网络舆情引导机制

校园网络文化建设的根本目的是育人，是要以社会主义先进文化来育人。而网络文化因其自由性、开放性、复杂性和多元性的特点，不能完全符合育人的需要。因此，校园网络文化建设需要由学校主导，从加强先进文化阵地建设、加强高校的思想道德及法治安全教育、发挥网络"意见领袖"作用，构建网络文化引导机制。

首先，优化网络文化环境，加强社会主义先进文化阵地建设。网络纵横贯通连接着整个世界。在网络上，各种文化价值观相互交融碰撞，各种社会思潮风起云涌。要发挥网络文化的育人功能，就必须以社会主义核心价值观为引领，全面加强网络文化建设；要着眼于增强网络传播实效，优化网络媒体资源配置，如加强主流网络媒体建设，扩大主流网络媒体的覆盖面、影响力；加强对非主流网络媒体的管理和引导，提升其传播社会主义先进文化的能力等，促进网络文化的健康发展；要通过创建各级各类主题教育网站、论坛等网络教育阵地，积极培育社会主义核心价值观，全面占领网络思想政治教育阵地；要培育有思想高度、知识广度、文化厚度、服务热度、时尚鲜度的精品文化，以学生喜闻乐见的形式去赢得关注。

其次，加强高校素质教育，增强其网络文明自律意识。高校在网络上的言行具有较强的自主性、随意性和相对隐蔽性。随着高校网络生活方式的不断深化，他们每人每天都要进行大量的网络言行交往，学校很难通过舆情监控的形式全面掌握高校的一切网络言行。然而，尽管互联网是无形的，但运用互联网的学生是有形的，更是可塑的。这就需要着眼于高校网络素养教育，积极培育校园好网民。要全面加强高校网络道德教育和法治安全教育，通过各级各类主题教育活动，如组织与网络道德、法治、安全相关的教育讲座、案例讨论、网络应用技能竞赛等，广泛开展网络道德教育，积极宣传国家和学校在网络管理方面的法律规章，全面普及网络安全知识及自我保护技能，以全面提升高校的网络道德水平及法治安全责任意识，引导高校文明自律，自觉规范网络言行，安全有效地利用网络，进而从整体上提升网络行为主体（高校）的网络文明素养，规范高校的网络言行，引导网络文化良性发展。

3. 建立健全网络舆情监控机制

由于网络具有开放性、自由性、即时互动性、远程传播性等特点，学生非理性状态下发表的一些负面言论，一旦引起社会关注，很容易引发网络舆情危机，给学生和学校带来不利影响。因此，学校要高度重视网络安全工作，建立健全网络舆情监控机制，确保校园网络文化安全。

首先，重视网络安全，完善网络舆情监测体系。学校要结合工作实际，紧紧抓住重点环节和关键岗位，加强网络舆情监测体系建设。不仅要充分发挥学校网络信息中心的技术监测职能，而且要在网络中心、信息化建设办公室、宣传部等相关职能部门和各院系师生群体中组建专（或兼）职的舆情信息员队伍。要求信息员要具有政治敏锐力、深刻洞察力和快速反应能力，通过建立舆情信息员制度、设置舆情收集监测点、建立信息收集监测制度和信息反馈制度，广泛收集信息并进行汇总。舆情信息员负责收集、监测一定范围内的网络舆情信息，一旦发现有异常的网络舆情信息，立即向学校指定的网络舆情监控部门汇报，并由该部门作出信息核查和相关处理。舆情信息员要密切关注校园师生对网络上传播的一些社会热点问题和敏感问题的舆情，还要紧紧围绕高校关注的热点问题如管理、收费、就业等收集舆情信息，进行动态监测。

其次，建立网络舆情应急防控机制，提升舆情危机应对能力。有些网络舆情如果监控、处理不当，很容易引发舆情危机，影响学校正常的工作秩序，甚至会影响社会的稳定。即便是发表一些爱国性的言论，也可能因情绪激愤而夹杂着一些非理性的内容，如果不加以正确引导，一旦蔓延和失控，也会影响学校和社会的稳定。因此，学校要建立健全网络舆情的应急防控机制，有效化解舆情危机，以维护学校、社会稳定。要制定周密的校园网络舆情应急预案，并针对预案的内容组织相关人员进行必要的培训和操作性演练，建设一支精干的网络舆情应急队伍，提高网络舆情应急的快速而准确的反应力和实战能力。要对发现的苗头性问题，组织相关专家进行舆情分析和形势研判，并组织专门人力进行重点跟踪、监控，及时采取必要的正向引导和纠偏等预防措施，控制舆情发展方向，防患于未然。要建立舆情危机事件的快速反应机制，增强危机应对和化解能力。一旦发现有校园网络舆情危机事件发生，学校要立即启动应急预案，主管领导要迅速组织开展工作，相关人员要按照各自的职责分工，积极参与危机事件的处理。危机事件处理完以后，一方面要尽快在网上公布处理结果，引导师生正确认识、正确面对所发生的事件，并恢复学校正常的教学、生活秩序；另一方面要密切关注该事件网络舆情的进一步发展情况，严防不法分子恶意炒作，使事件节外生枝，出现新的反复。

四、建设文化育人主阵地

文化载体是文化育人不可或缺的媒介要素，既包括物质文化实体，也包括文化活动形式。它既是主体与客体发生关联的重要媒介，也是各构成要素之间协同作用的重要枢纽，在文化育人中具有不可替代的作用。就高校育人的文化活动形式而言，课程育人、实践育人、环境育人是学校文化育人实践的三个基本文化活动形式。它们在学校立德树人目标的统领下，各自有明确的教育目的，有精心设计选择的教育内容和方法，有育人实践的过程，集教育目的、内容、方法、过程于一体，将文化育人的主体、客体、环境要素有机地联系在一起，成为高校文化育人的主渠道、主阵地。要增强文化育人的整体实效，必须将课程育人、实践育人、环境育人协同起来，使三者优势互补，形成合力，充分发挥文化活动载体的主渠道、主阵地作用。

（一）课程育人

高校学生在校成长成才，一个最重要的途径就是通过课程学习来获取自身职业发展和综合素质提升所需要的知识、技能和方法。课程学习以提高高校思想理论认知、专业技能、思维方法、批判意识、科学与人文精神等为主要目标，是高校立德树人、获得全面发展的主渠道。课程育人即以课堂、课程、课本等理论教育的方式进行思想、政治、道德等知识的传授。它作为一种重要的文化活动载体，位于文化育人三大文活动载体之首，在文化育人中发挥最为重要的主渠道、主阵地作用。

要建设好课程育人的主阵地，充分发挥理论育人作用。首先要加强以思想政治教育和马克思主义理论教育为主要内容的哲学社会科学课程建设。哲学社会科学课程具有重要的育人功能。它既能帮助学生养成科学的思维习惯，形成正确的价值观，也能帮助学生提高思想道德修养、完善人格。哲学社会科学课程是文化育人阵地建设的重中之重，也是落实"立德树人"任务的根本抓手。

在当前社会深化转型时期，人们的价值取向呈多元化发展，社会文化环境也越来越复杂化。这既给社会主义道德规范提出了新挑战，也给思想政治教育提出了新课题。理论教育如果不能紧密联系社会和学生的发展实际，就很难为学生所接受，也很难发挥出课程育人的重要作用。因此，要发挥课程育人的吸引力、说服力和影响力，必须紧密联系社会发展实际和学生思想实际，关注社会发展对学生思想道德产生的影响，关注高校自身发展，建设高校的精神家园；必须围绕立德树人根本任务，科学制定人才培养方案，突出"以学生为中心"的教学理念，明确人才培养目标定位，优化教学内容与课程体系，完善实践教学体系，改进教学方法，改革学生学业水平考核与评价，强化学生创新创业能力培养；必须注重将立德树人融入教育教学全过程，注重将促进学生专业发展与促进学生自主发展、全面发展、协调发展相融合，强调夯实基础、拓宽专业、强化实践，培养具有良好的职业素养和社会责任感、创新精神、实践能力和终身学习能力，基础扎实、视野宽、能力强、素质高的专业人才。

（二）实践育人

实践是认识的源泉，也是育人的基本途径之一。人就是在生活过程中、在与周围环境的互动过程中不断积累经验，获得完善和发展的，生活本身就具有教育的意义。思想政治教育是社会共同生活的需要，其工作的开展也离不开受教育者的生活世界。生活世界是受教育者在实践中感知的世界。它是人们认识世界、改造世界，发展各种能力素质的主要场域。思想政治教育离不开人们的生活世界，一旦离开，就把思想政治教育与生活实践割裂开来，使思想政治教育缺乏针对性和实效性。思想政治教育只有立足于受教育者的生活世界和他们的生活实践才有其存在的价值和意义。

实践活动对高校树立正确价值观、增强社会责任感、提高实践能力具有不可替代的作用。实践育人的成效在很大程度上取决于受教育者在生活世界中实践活动的广度和深度，取决于他的感悟和理解。思想政治教育越是扎根于受教育者的生活实践，越是融于他们的生活世界，它就越有生命力，越容易取得教育实效。高校思想政治教育要"贴近实际、贴近生活、贴近学生"，进而强调思想政治教育的人文关怀性和生活实践性。高校作为实践的主体，只有其主体性得到充分发挥，思想政治教育的实效性才能得以显现。

文化育人强调文化价值观念的内化与外化，无论是文化内化与外化都需要个体自身付诸文化行为实践。这种转化实践并非一日之功，而是一个渐进式发展的人文化成的过程，需要融于高校日常文化生活实践之中。而当前高校文化育人还存在学生知行不一、实践育人不足的问题。要克服这一问题，必须立足于高校的日常生活实践，充分发挥实践育人的主渠道作用。

实践育人的形式是丰富多样的，育人途径也是非常广泛的。最基本的实践育人途径体现在两方面：一是结合学生日常教育和管理，以"一日生活制"管理和各级各类主题教育活动为抓手，进一步完善思想政治教育工作机制，深入挖掘和利用各种主题教育资源，创新教育载体，有针对性地加强高校思想政治教育和生活养成教育。二是结合学团建设活动，以学习创新型社团组织建设和各级各类文化实践活动为抓手，创新学生干部培养和学生社团建设机制，强化学生投身实践、践行社会主义核心价值观的意识，加强高校实践创新能力的培养。同时，以社会实践活动为载体，加强社会责任教育，培养高校服务国家、服务社会、服务人民的社会责任感。

社会实践是正确思想形成发展的源泉。高校参与社会实践的过程既是向社会学习的过程，也是更新思想观念、提高实践能力、增长才干的过程。进行实践育人，要积极探索社会实践与专业学习、服务社会、勤工助学、择业就业等相结合的管理体制，认真组织学生参加各级各类实践活动，使高校在社会实践中受教育、长才干、作贡献，增强社会责任感。

（三）环境育人

环境是指能够影响高校在校学习生活和成长的整体意义上的校园文化环境。校园文化是指大学生在长期学术实践活动中日益积累的物质和精神成果的总和。校园文化从不同的视角可以有不同的分类，如物质文化、制度文化和精神文化的三类分法，在三类基础上增加"行为文化"的四类分法，以及在四类基础上增加"组织文化"的五类分法等。目前，学术界普遍认可的是三类分法。其中，精神文化是校园文化的核心和灵魂，表现为大学人共同秉持的价值观念和行为准则。校园文化是高校思想政治工作的重要载体，也是培养创新型人才的重要条件，更是提高大学核心竞争力的重要手段。从价值论角度看，校园文化的根本价值在于对高校进行文化熏陶，提高高校的文化选择能力，进行大学文化创造和大学精神文化培育，进而发展社会主义先进文化，引领社会文化健康发展。从育人功能角度看，校园文化对高校的思想行为具有着潜移默化的影响，主要有价值导向功能、思想凝聚和激励功能、行为规范和约束功能、情感陶冶功能等。

校园文化的内容十分丰富，不仅具有鲜明的系统性、价值蕴涵性，还具有融合共生性。虽然可以按照不同标准进行人为的分类，但当校园文化作为环境育人的载体时，它是以隐性的文化环境整体出现的。校园文化环境育人是以整体的、隐性的、价值渗透的方式进行，是校园文化氛围熏陶、濡染功能的体现，而且它是指校园文化氛围的长期熏陶和濡染，而不是指某一具体活动或某一种具体事件对人所产生的影响。校园文化环境不是自发形成的，而是通过学校自主、自觉地构建而形成的。

因此，要充分发挥环境育人的功能，必须自觉加强校园文化建设，优化校园文化环境。

构建校园文化育人环境要认真贯彻党的教育方针，坚持以社会主义先进文化为主导，系统地加强校园文化的软硬件环境建设，要大力加强大学精神文化建设；对学校历史发展进程中形成的优秀精神品质和精神内涵进行深入挖掘，找准其与高校素质教育的结合点，进一步凝练学校育人的文化精髓；要大力培育优良的校风、教风和学风，推进学校规范办学，依法治校，切实树立良好的大学形象，提升大学文化品位；要系统建设校园的物质文化环境、观念文化环境、行为文化环境、教学文化环境、学术文化环境、管理文化环境、服务文化环境、网络文化环境、媒体舆论环境等各级各类校园亚文化环境；要完善校园文化建设的组织支撑体系，发挥各文化建设单位的育人主体作用；要完善校园文化建设和文化育人长效机制，全方位营造积极进取、健康向上、具有学校特色的校园文化，进而陶冶学生的情操，净化学生的心灵，使其发挥"润物细无声"的育人功能。

作为高校文化育人的三大主阵地，课程育人、实践育人、环境育人三者相辅相成，优势互补，共同构成一个完整的高校文化育人体系。其中，课程育人居于三者之首，是最大、最基础的主阵地，以最规范、最系统、最全面、最直接、最科学的方式发挥其教育引导作用；实践育人是第一课堂理论教育最有力、最有效的延伸和补充，作为文化育人不可或缺的第二课堂，在促进高校理论与实践相结合、知行统一方面发挥着重要作用；环境育人是在第一、第二课堂文化育人之外，校园文化环境从整体上对高校产生的影响。由于文化环境的影响是一种必然的存在，尽管从序列上排在课程育人和实践育人之后，但其对高校产生的影响作用是不可或缺、不可替代、绝对不能忽视的。对高校而言，只有充分发挥课程育人、实践育人、环境育人各自的优势，促进三者形成优势互补，协同育人，才是真正建设文化育人的三大主阵地，也才能提高文化育人的实效。

第四章 高校社会实践与文化育人的有机融合

第一节 高校社会实践概述

一、高校社会实践的含义与特点

马克思曾经说过，"劳动是人的本质，劳动是人类对自然界的积极改造，是人类社会区别于自然界的标志""劳动创造了人本身""人类的特性恰恰就是自由自觉的活动"。这说明劳动是人的本质，自由自觉地活动是人的特性。人类能够通过劳动改变和创造世界；人类只有通过劳动才能使人自身得以不断进化，获得自身的全面发展。

（一）实践的含义、特点和基本形式

1. 实践的含义

马克思主义哲学吸取了哲学史上关于实践概念的合理因素，正确阐明了实践的本质及其在认识世界和改造世界中的作用，创立了科学的实践观。实践是人类能动地改造世界的感性物质活动。实践是马克思主义的核心概念，人们的实践活动是以改造客观世界为目的，主体与客体之间通过一定的中介发生相互作用的过程。这表明，实践是主观见之于客观的活动，是社会性的活动，是历史性的活动，包含客观对于主观的必然及主观对于客观的必然。科学证明，人类历史同自然历史都是客观的过程。同样，构成人类历史的实践以及实践自身的历史发展也是一个客观的过程。在马克思那里主要强调人的社会实践，强调实践的社会性。恩格斯在自然哲学中揭示人的思想产生于劳动，即人的主观意识产生于人的实践行为，同时人的主观意识反作用于客观存在。

2. 实践的特点

实践具有自身的规定和特点，是同思维和认识相互区别的主体行为。实践是不能脱离思维和认识而独立存在的。实践需要思维和认识作基础，没有思维和认识就没有实践。实践、思维和认识是统一的整体。实践的特点主要有以下几点。

（1）客观性

实践是客观的感性物质活动。实践的主体是有血有肉的客观的人；实践作用的对象是可感知的客观物质世界。实践的发展过程，虽然有人的意识参与，但却是意识指导下的现实的客观过程。实践的结果是外在于人的意识的客观效果。实践的客观性表明它与纯粹的思维活动、精神活动是不同的。只有坚持实践的客观性，才能从根本上与唯心主义实践观划清界限。实践是世界和万物的创造者，没有实践就没有我们生活在其中的现实世界。

（2）自觉能动性

自觉能动性，又称主观能动性，是指认识世界和改造世界的有目的、有计划、积极主动的活动能力。意识存在于我们的头脑里，人们只能用语言表达它、用文字记录它，不能用它直接作用于客观事物。在实践中，意识总是指挥着人们使用一种物质的东西去作用于另一种物质的东西，从而引起物质具体形态的变化。这种力量就是人的主观能动性。实践是主体有意识、有目的的活动。人的实践活动不同于动物的活动。只有坚持实践的能动性，才能从根本上与旧唯物主义实践观划清界限。

（3）社会历史性

人是社会的主体，个人的实践同社会有着密切的关系。实践是社会性的、历史性的活动。作为实践主体的人，是处于一定社会关系中的人，总是在一定的社会关系中进行实践活动。尽管实践可以表现为单个人的个体活动，但这种个体活动却总是与社会中的其他人的活动联系在一起的。

实践的三个特点是密切联系在一起的。人们客观性的物质活动受着人的自觉能动性的支配，还受着一定社会历史条件的制约；反过来，人的自觉能动性的发挥和实现，依赖于人们客观性的物质活动和一定的社会历史条件。

3. 实践的基本形式

人们社会实践的内容是丰富多彩的，实践的形式是多种多样的。随着社会的发展。实践的内容和形式更加多样化。实践的基本形式主要有以下几种。

（1）物质生产实践

物质生产实践是处理人与自然关系的活动，是最基本的实践活动。它是决定其他一切实践活动产生和发展的前提，主要包括生产、消费、流通、财政、金融、信托、保险、服务等活动。

（2）处理社会关系的实践

处理社会关系的实践是以调整人与人之间社会关系为目的的活动，是为了配合物质生产实践所进行的活动。它主要包括政治、军事、教育、科学技术、文化、卫生、体育、司法、社会治安、社会管理、社会交往、劳动就业与社会保障、公共服务等活动。

（3）科学实验

科学实验（scientific experiment）是人们为实现预定目的，在人工控制条件下，通过干预和控制科研对象而观察与探索科研对象有关规律和机制的一种研究方法。它是人类获得知识、检验知识的一种实践形式。科学实验是从物质生产实践中分化出来的尝试性、探索性的实践活动。随着社会实践的发展，科学实验的作用越来越大。

（二）高校社会实践的含义、类型和特点

1. 高校社会实践的含义

高校社会实践活动是高校按照高等学校人才培养目标的要求，有计划、有目的、有组织地深入社会，积极参与社会政治、经济和文化生活，以了解社会，增长知识技能，培养正确的世界观、人生观和价值观的实践活动过程。高校社会实践活动作为我国高等教育的一项重要的教

育形式，是新形势下高校思想政治教育的延伸，是培养具有创新精神和实践能力人才的重要途径之一。高校社会实践是人类实践整体的一个子系统，属于实践范畴，高校社会实践活动有广义和狭义之分。广义的高校社会实践活动是相对于理论学习以外的各种实践环节，既包括与生产劳动相结合的实践活动，又包括与课堂教学相结合的实践活动，例如生产实习、毕业实习等。狭义的高校社会实践活动是指教学计划以外的，与课堂教学相结合的各种实践活动，例如社会调查、社会服务等。本书主要研究狭义的高校社会实践活动。

高校社会实践的含义主要表现在两个方面：①高校社会实践是一种教育活动。人类实践活动的形式是多种多样的，教育活动只是其中的一种形式，高校社会实践作为高等教育的一个重要组成部分，立足于实现高等教育的人才培养目标，力求做到学校教育和社会教育相结合、理论与实践相结合，使高校在实践锻炼中受到教育，从而促进高校身心的全面发展。②高校社会实践是一项实践活动。高校社会实践是以学生为主体、以学校为载体、以社会为舞台的一项实践活动，是在社会主义市场经济建设与高等教育事业相协调发展的客观要求的基础上发展起来的，需要社会各界的高度重视和共同参与，才能保证高校社会实践活动的顺利进行。

根据高校社会实践的含义，可以看出，高校社会实践活动应当包括两个过程：①实践活动的过程，即高校积极参与社会实践，向社会学习的过程，同时也是高校初步尝试社会角色转换的过程。②社会化的过程，即高校在社会实践活动过程中对社会施加影响的过程，同时也是高校角色社会化的过程。这里要强调的是，在高校社会实践的过程中，高校实现了个体角色向社会角色的转化，使自我价值和社会价值得到体现和升华。高校社会实践的这两个过程应该是相辅相成、相互促进的。

2. 高校社会实践的类型

高校社会实践经过不断的完善和发展，已经形成了自己独特的实践类型。为了更准确地了解高校社会实践的发展，不能忽视对社会实践类型的研究。当前，高校社会实践主要有以下三种类型。

（1）学术实践

学术实践是指在专业知识的指导下，有计划地组织高校参与社会活动或是高校自发在社会中运用专业知识了解、认识并服务于社会的一切操作性的活动与行动。旨在培养和锻炼高校的综合能力，提高其综合素质，增强其社会责任感。以"挑战杯"全国高校课外学术科技作品竞赛（以下简称"挑战杯"竞赛）为例，该竞赛是由共青团中央、中国科协、教育部和全国学联、地方省级人民政府共同主办，国内著名大学、新闻媒体联合发起的一项具有导向性、示范性和群众性的全国竞赛活动。自1989年首届竞赛举办以来，"挑战杯"竞赛始终坚持"崇尚科学、追求真知、勤奋学习、锐意创新、迎接挑战"的宗旨，在促进青年创新人才成长、深化高校素质教育、推动经济社会发展等方面发挥了积极作用，被誉为当代高校科技创新的"奥林匹克"盛会。

（2）社团活动

社团活动是学生为了实现会员的共同意愿和满足个人兴趣爱好需求，自愿组成的、按照其章程开展活动的群众性学生组织。学生社团活动以保证完成学生的学习任务和不影响学校正常教学秩序为前提，以有益于学生的健康成长和有利于学校各项工作的进行为原则。学生社团活动型社会实践的目的是活跃学校的学习氛围，提高学生自己管理自己的能力，丰富学生的课余生活。

随着我国高等教育体制改革的不断深化，学生社团活动作为拓展素质教育的有效平台，以其自发性、灵活性和多样性的特点，迎合了高校"重个性张扬、注个人发展"的取向。学生社团在自我管理、自我服务和自我教育的过程中不断成长，注重理论联系实际，让学生通过参加各种社团活动来消化课堂所学知识，成为高校思想政治教育行之有效的渠道。

（3）志愿服务

志愿服务是高校参与社会实践的重要形式之一。志愿者是指在不为物质报酬的情况下，基于道义、信念、良知、同情心和责任，为改进社会而提供服务、贡献个人的时间及精力的人和人群。志愿服务是指由志愿者参与的社会性公益服务，是一种非政府系统的组织行为和服务行动，是民间系统服务于社会的群体行为或个人行为，即民间组织或个人利用自己的知识、技能、体能或财富，通过各种服务性的行动去实现和体现对社会事业的服务与奉献，或实施和完成对有困难的社会群体及个人的服务与保障。在志愿服务的过程中，志愿者以自己的行动接受了社会的评价与检验，并获得了对自我价值的认同与升华。志愿服务所体现的核心精神是人道主义。学校应引导学生开展社区服务、义务支教、社会帮扶、环境保护等社会所需的志愿服务活动，注重引导学生关注细节，关注身边需要关心的人和事，用爱心和行动反馈家乡和社会。

3. 高校社会实践的特点

(1) 实践性

哲学意义上的实践是指人类有意识、有目的、能动地改造现实世界的一切客观性物质活动。实践是认识的源泉，是认识发展的动力，是检验认识真理的唯一标准，是认识的最终目的。没有实践，思维的发展就失去了动力，就不会有创造性的思维。高校社会实践正是借助实践对认识的决定性作用来实现其在人才培养中的重要作用的。高校在社会实践中接触社会，通过亲身参与各种实践活动来了解社会，在实践中验证理论、运用理论，深化对理论的认识，增长才干，服务社会，在改造客观世界的同时又改造自己的主观世界，塑造高校的人格，提高高校的综合素质，培养高校的创新能力，实现高校的全面发展。高校参加的专业实习、调查研究、勤工助学、社团活动、志愿者活动等都具有较强的实践性，能在实践中实现检验认识真理的目的，达到理论与实践的统一。

(2) 教育性

高校社会实践能够结合高校的思想实际和客观要求，引导高校践行社会主义核心价值观，即开展马克思主义指导思想、中国特色社会主义共同理想、以爱国主义为核心的民族精神和以改革创新为核心的时代精神、社会主义荣辱观教育，充分发挥社会主义核心价值观在高校社会实践中的价值导向作用。在社会实践活动中，高校有目的、有组织、有计划地让高校走出校园，深入社会，进行社会调查和社会服务等活动，实现社会生活、社会实践与思想政治教育工作的有机结合。这是新形势下加强高校思想政治教育的有效途径，也是提高高校思想政治素质和思想道德素质最直接、最生动的形式。

（3）主体性

马克思主义认为，人的主体性是人作为主体在与客体相互作用中所展现出来的特殊的质的规定性，也就是人在实践过程中表现出来的能力、作用、地位，即人的自主性、主动性和能动性。人是世界的中心，人的这种地位决定了在人与万物的关系中人是作为主体而存在的。而哲学作为探寻人的存在根据的学问，自然要从人作为主体的性质出发，来认识人与世界的关系。所以，主体和主体性的问题是哲学研究的最核心的问题之一。高校在社会实践中展现出来的主体性是指他通过社会实践活动展示自己的思想、行为，培养创新能力，满足自身成才和充分发展等方面的需要。从社会实践来讲，高校是社会实践的主体，在社会实践中，高校将运用所学的专业理论知识指导自己的实践，在解决现实生活中遇到的思想行为问题的过程中提高自己的思想政治素质和道德素质，这就充分发挥了高校作为客体的主动性。

（4）创造性

一般认为创造性是指个体产生新奇独特的、有社会价值的产品的能力或特性，故也称为创造力。新奇独特意味着能别出心裁地做出前人未曾做过的事，有社会价值意味着创造的结果或产品具有实用价值或学术价值、道德价值、审美价值等。创造性有两种表现形式：一是发明，二是发现。发明是制造新事物，发现是找出本来就存在但尚未被人了解的事物和规律。创造性由创造性意识、创造性思维和创造性活动三部分组成。在创造性的组成部分中，创造性思维是其核心。创造性思维又包含聚合思维和发散思维，发散思维是创造性思维的核心，它与创造性思维关系最为密切。发散性思维表现在行为上，即代表个人的创造性。高校参加社会实践活动，一般都处于半社会化的状态。他们所面对的是不断变化的新环境，由此必然会产生新的矛盾和问题。这些新的矛盾和问题完全靠书本知识或学校经验是不能解决的。这就需要高校将学校所学的专业理论知识运用于社会实践，充分发挥自己的主观能动性，创造性地提出解决矛盾和问题的新方法。因此，高校在社会实践过程中锻炼了创造性思维方法，积累了丰富的社会经验，培养了自己的创新精神和创新能力，为今后走向社会、进行创造性的工作奠定了坚实的基础。

二、高校社会实践的原则

（一）高校社会实践原则概述

高校社会实践的原则是教师和学生进行社会实践活动必须遵循的基本准则和要求。它既是社会实践活动规律的体现，又是对社会实践活动经验的概括和总结，是制定社会实践活动计划、内容、方法和组织社会实践活动的依据。社会实践原则是一个相对完整的体系，贯穿于整个社会实践活动的始终。社会实践原则不是凝固不变的。它将随着人们对社会实践活动过程规律认识的加深和社会实践活动的日益丰富而逐渐发展。

高等教育是一种社会活动，高等教育的途径包括课堂理论教育和社会实践教育。社会实践是促进高校健康成才的必要途径。高校综合素质的全面提高不可能在课堂上就能完全实现，还必须依靠社会实践。高校素质教育的重点就是提高高校的实践能力和创新精神。理论来自实践，实践是检验理论的试金石。在教学中加强实验、实习、军训，就是为了培养和增强学生的实践能力。学生多参加一些社会实践活动，包括参观、访问、考察、志愿者活动等，可以锻炼自己的组织能力、活动能力、人际交往能力。

高校社会实践应该坚持育人为本，坚持理论联系实际，提高社会实践的针对性和实效性；坚持全员性、全程性，课内与课外相结合，校内与校外相结合，集中与分散相结合；坚持把思想教育贯穿于实践教学的全过程；坚持受教育、长才干、作贡献，推动高校社会实践长期健康发展；坚持整合资源，调动校内外各方面积极性，努力形成全社会支持高校社会实践的良好局面。这是高校社会实践活动的总体要求。

（二）高校社会实践活动的原则

1. 实践育人原则

实践育人原则即高校社会实践要以育人为目的。马克思主义认识论告诉我们，来自社会实践的教育，其深刻性、丰富性、持久性是理论教育所无法替代的。教育与生产劳动相结合是党的教育方针的重要内容，理论教育和实践教育相结合是高校思想政治教育的根本原则。把社会实践活动作为思想政治教育的有效途径，让高校在实践中学会做人、学会做事，促进高校良好思想道德品质的形成，是高校全面实施素质教育的首要任务。高校思想道德品质的形成，从根本上讲是人的思想道德意识与思想道德实践互动的过程，同时也是社会占主导地位的法律制度、道德规范为高校所认同，并得以具体化、个性化的结果。

贯彻实践育人原则的具体要求如下所示。

（1）做好实践育人工作的总体规划

社会实践活动是实践育人的主要形式。学校要坚持把社会主义核心价值体系融入实践育人工作全过程，把实践育人工作摆在人才培养的重要位置，纳入学校教学计划，系统设计实践育人教育教学体系，规定相应的学时学分，合理增加社会实践课时，确保实践育人工作正常开展。

（2）广泛开展社会实践活动

社会调查、生产劳动、志愿服务、公益活动、科技发明和勤工助学等社会实践活动是实践育人的有效载体。学校要把组织开展社会实践活动与组织课堂教学摆在同等重要的位置，与专业学习、就业创业教育等结合起来，制订学生参加社会实践活动的年度计划，确保每一位高校学生都有机会参加社会实践活动。高校要抓住重大活动、重大事件、重要节庆日等契机或者寒（暑）假，紧密围绕一个主题、集中一个时段，广泛开展特色鲜明的社会实践活动。

（3）将实践活动融入地方经济社会发展主战场

要选择充满教育意义的实践内容，避免形式主义，将实践活动融入经济建设和社会发展的主流，唱响时代强音，在弘扬社会正气、服务地方经济社会发展过程中使学生受教育。

（4）充分发挥学生的主体性

学生是实践育人的对象，也是开展社会实践活动的主体。要充分发挥高校在实践育人中的主体作用，建立和完善合理的考核激励机制，加大表彰力度，激发学生参与社会实践的自觉性、积极性与主动性。

（5）充分发挥社会教育力量的重要作用

社会教育力量来自社会主义现代化建设事业的方方面面，包括社会成员、社会机构和社会新闻媒体等，这些力量可以在思想素质、知识技能、价值观念、行为规范等方面引导高校成长。同时，这些力量以潜移默化的方式发挥影响，时时处处对高校进行着感染、引导、激励和教育。

2．理论联系实际原则

根据辩证唯物主义认识论的观点，在教学中，学生掌握知识的过程，实质上是一种认识的过程，具有"从生动的直观到抽象的思维，并从抽象的思维到实践"的特点。高校学生从小到大接触的大部分是书本知识，缺乏实践经验，从一定角度看，他们的知识是不完全的，且动手能力也较差。因此，高校在社会实践活动过程中必须自觉坚持理论联系实际的原则，在理论与实践相结合的过程中，促使学生掌握知识，培养能力，提高思想道德素质。

贯彻理论联系实际原则的具体要求如下所示。

（1）要将学习理论看作基本前提

理论联系实际，前提是要有理论可以联系。如果没有掌握科学的理论立场、观点和方法，就不能算是理论联系实际。社会实践活动中贯彻理论联系实际原则，最主要的是要正确处理好书本知识和实践知识的关系，关键在于保证理论知识的主导作用，同时在理论知识指导下，使学生从事各种实践活动。

（2）创新社会实践活动的形式

社会实践活动中贯彻理论联系实际的原则，还要求创新社会实践活动的形式，使学生把知识运用于实践，如高校学生参加的专业实习、生产劳动、调查研究、勤工助学、社团活动、志愿者活动等都是行之有效的社会实践活动形式。通过丰富多彩的社会实践活动，学生学会独立地、创造性地运用知识，掌握一些必要的学习和劳动的基本技能，在理论联系实际过程中发展学生的能力。

（3）加强对实践教学环节的指导

实践教学活动是加深学生对知识的理解、运用知识于实际和形成技能技巧的重要途径。在实践教学中，教师应根据实践教学内容的要求，加强对实践教学环节的指导。通过专业实习、生产劳动、科学实验、参观访问、志愿服务等社会实践活动的锻炼，提高学生的实践能力。

3．科学性原则

科学性原则是以先进的科学理论作为指导，运用合理的技术手段进行社会实践活动时应遵循的基本要求。这是由实践活动自身的客观性和规律性所决定的。在高校社会实践活动中，应坚持从学校实际出发，结合高校不同专业和年级特点，设计合理的社会实践活动方案，科学安排社会实践活动内容。

贯彻科学性原则的具体要求如下所示。

（1）社会实践活动要符合高校学生的身心发展特点

高校要根据高校学生成长成才的特点和规律来开展社会实践活动，低年级学生的社会实践活动重在认识社会、了解国情，增强建设祖国、振兴中华的使命感；高年级学生的社会实践活动则重在发挥专业技能优势，为社会经济发展贡献力量，在社会实践中受教育、长见识、增才干。

（2）制定科学合理的质量评价标准

社会实践的效果评价是社会实践活动的重要环节。评价是否科学，能否为实践活动提供有益的建议和帮助，关键在于是否有一个科学的质量评价标准。当前，各高校在开展社会实践活动质量评价中往往把工作重点放在寒（暑）假社会实践或者各院（系）的社会实践小分队上，而对学生个人自主性的社会实践活动质量评价缺乏具体指导和有效措施，无法用客观科学的评价标准进行考核。

（3）构建有效的社会实践活动模式

要提高高校社会实践活动的质量，还必须构建行之有效的高校社会实践活动模式。目前已经采用的模式有：主题社会调查模式、生产劳动模式、公益活动模式、勤工助学模式、参观访问模式、军政训练模式、模拟实践（实验）模式、义务支教模式、以科学研究和技术发明为导向的专业渗透模式、以就业创业为导向的职业训练模式等。每一种模式都包含若干具体内容和具体方式。

4. 专业性原则

高校社会实践的专业性原则是指在社会实践过程中，让学生立足专业优势，紧扣教学科研，将专业知识落到实处，在实践中成长成才，实现课堂教学与生产实践的有效结合。近年来，中国共青团团中央和其他有关部门先后发起了以"高校志愿者文体、科技、法律、卫生'四进社区'活动"等为主要模式，以理论宣讲、志愿服务、科技支农、社区共建、企业挂职、医疗服务、环境保护、支教扫盲等为主要内容的社会实践活动。这些社会实践活动都体现了社会实践的专业性原则要求。高校要与时俱进，强化资源意识，不断拓宽实践内容的设置领域，重视与社会资源的优势互补，注重与高校的专业特点紧密结合，学以致用，提高社会实践的实效性。

贯彻专业性原则的具体要求如下所示。

（1）组织学生积极开展专业性社会实践活动

紧密结合专业特点，积极组织、引导学生广泛、深入地开展专业性社会实践活动。例如，高校可以组织学生积极参加"挑战杯"竞赛，引导高校在社会实践中参与技术改造、工艺革新、技术传播，为经济社会发展献技出力，不断提高高校的科学素养，培养良好的学术道德，弘扬求真务实、开拓创新的科学精神；引导广大青年学生特别是高年级学生赴实践基地见习实习、挂职锻炼，丰富职业经历，增加就业竞争力；组织学生积极开展科技、文化、卫生"三下乡"，充分利用所学知识，开展法律咨询、支教扫盲、环境保护等科技、文化、卫生服务等活动，为社会主义新农村建设作贡献。

（2）加强专业性社会实践基地建设

高校要根据学科专业特色进行专业性社会实践基地建设。学生通过专业知识的运用与实践，既加深了对专业的理解与认知，使学习更有针对性，又在实践中增强了学习效果，提高了社会实践能力。

（3）构建专业性社会实践工作机制

在专业性社会实践活动中，高校要根据人才培养目标的要求，引导学生参与专业性社会实践活动，提高学生的专业实践能力，使学生在真实的职业环境中培养自己的创新精神和实践能力，提升学校的人才培养质量。同时，注意构建专业主任负责，辅导员、专业教师、企业教师具体落实的"三师并行"的社会实践育人工作机制，突出"工学交替，工学结合"的理念，在高校思想政治教育、职业素质养成及行为规范管理等方面实现校企双方合作共赢，让学生将所学的知识在实践中得到检验，使学生真正做到知行统一。

三、高校社会实践的功能与意义

高校社会实践活动是课堂教学的延伸，是培养学生合作精神、社会责任感、社会适应力的一项重要举措。学校通过指导教师的精心组织、充分准备及系统训练，让高校积极参与各种各样的社会实践活动，使高校认识社会、了解国情、拓宽视野、丰富自我和改善知识，弥补学校理论教育的空缺与不足。因此，高校社会实践活动对高校个人身心健康发展具有重要作用。

（一）高校社会实践的功能

高校社会实践的功能是社会实践系统内部诸要素之间以及系统与环境之间相互作用产生的结果。社会实践系统内部诸要素包括社会实践的主体、社会实践的客体、社会实践的目的、社会实践的内容和社会实践的方法等。社会实践系统外部环境主要包括自然界、政治、经济、文化等要素。目前，在全面深化改革和全面建设小康社会的历史进程中，高校加强对高校社会实践活动的管理和引导，对和谐社会的构建和学生的全面发展都具有重要的功能。

1. 全面发展功能

马克思从分析现实的人和现实的生产关系入手，指出了人的全面发展的条件、手段和途径。所谓人的全面发展，就个人而言，是指由自然和社会长期发展而赋予每个人的一切潜能的最充分、最自由、最全面的调动，即指人的体力和智力的充分、自由、和谐的发展。高校要努力培养德智体美全面发展的社会主义事业建设者和接班人。因此，我们认为，"人的全面发展"就是人的各种最基本或最基础的素质必须得到完整的发展。人的全面发展最根本是指人的劳动能力的全面发展，即人的智力和体力的充分、统一发展，同时也包括人的才能、志趣和道德品质等多方面发展。通常所说的"人的全面发展"，是把人的基本素质分解为诸多要素，即培养受教育者在德、智、体、美、劳等方面获得全面发展。

高校社会实践符合马克思主义实践观和青年观，符合人的全面发展理论。它遵循了教育规律和人才成长规律，是青年人成长成才的重要环节。马克思主义实践观认为，实践是人类存在和发展的根本方式，是人类实现自我教育的基本途径之一，知识只有应用于社会实践才能实现其最大的价值。社会实践是把理论知识转化为价值的必要载体，也是丰富知识的必要环节。这就说明，人与社会的发展离不开实践，而高校的全面发展也离不开社会实践，高校只有在实践中才能实现全面发展。实现人的全面发展，是要在社会实践过程中得以实现和不断完善的。社会的发展会不断对人的全面发展提出新的目标和具体要求；而人的全面发展也会不断促进社会的新发展。社会实践活动相对于德育、智育、体育、美育等活动来讲，虽然它们有各自的目标和任务、内容和侧重点，并遵循不同的发展规律，但这并不意味着它们之间彼此独立，毫不相干。恰恰相反，作为学校教育活动的一个有机组成部分，社会实践活动与其他活动彼此联系、相互影响，共同作用于人的全面发展。社会实践活动在人的全面发展中，要解决的首要问题是人的劳动能力的全面发展，即人的智力和体力的充分、统一的发展问题，同时也包括人的才能、志趣、情感和道德品质等多方面发展问题。因此，社会实践能将社会的要求转化为学生个体的需要，转化为学生学习和行为的动力，形成学生发展的内部驱动力，为人的全面发展提供强大的内部驱动力。社会实践让高校学生走出课堂，走向社会，激发他们的主体创造意识，让他们在实践活动中培养进取的精神和完善的人格，提高综合素质。通过社会实践活动，高校学生获得了全面发展的机会，增强了他们的社会责任感和使命感。这不仅是时代发展的客观要求，而且也是新时期高校学生成长成才的现实需要。

2. 个性发展功能

由于个性是一种较复杂的心理现象，又由于个性心理学作为一门学科历史还较短，因此目前还没有一个统一的、为广大研究者共同接受的明确定义。目前，心理学界一般认为阿尔波特的个性定义比较全面地概括了个性研究的各个方面。"个性"内涵非常丰富，是人们的心理倾向、心理过程、心理特征以及心理状态等综合的心理结构。个性倾向性是指决定一个人的态度、行为和积极性的选择性的动力系统。个性倾向性决定着人对现实的态度，决定着人对认识活动对象的趋向和选择。个性倾向性主要包括需要、动机、兴趣、理想、信念和世界观。它较少受生理、遗传等先天因素的影响，主要是在后天的培养和社会化过程中形成的。个性倾向性中的各个成分并非孤立存在的，而是互相联系、互相影响和互相制约的。其中，需要又是个性倾向性乃至整个个性积极性的源泉，只有在需要的推动下，个性才能形成和发展；动机、兴趣和信念等都是需要的表现形式；世界观居于最高指导地位，它指引和制约着人的思想倾向和整个心理面貌，是人的言行的总动力和总动机。由此可见，个性倾向性是以人的需要为基础、以世界观为指导的动力系统。人人都有个性，人人的个性都各不相同。正是这些具有千差万别个性的人，推动着历史的前进和时代的发展与变迁。

培养学生良好的个性，提升学生的人格，促进学生良好个性品质的形成与发展，一直是教育工作者不断努力追求的教育理想和目标。个性教育包含确立远大的人生理想，锻炼良好的社会适应能力，接触各种事物和现象，发现社会发展的主流，保持积极的生活态度等。高校社会实践活动为学生个性发展提供了一种强大的精神内驱力和实践动力，为学生主动接触社会提供了一个有效的平台。在社会实践活动过程中，高校学生深入基层、深入生活，以一种开放的态度，主动关心社会、了解社会、服务社会，实现自身的价值。通过社会实践活动，学生能够提高自己的综合素质、实践能力，培养良好的个性特征，把握自己的优势与劣势，初步体验到个体社会化的过程，能够顺利地完成社会角色的转变。

3. 教育功能

高校社会实践的教育功能是指通过社会实践活动对高校的思想政治素质和道德素质的形成所起的作用。具体地分析，就是在社会实践过程中，高校教育者应用一定的思想政治观点和道德规范，对高校进行有组织、有目的、有计划的教育和影响，使他们通过积极参与社会实践活动，提高思想政治素质和道德素质。社会实践的教育功能是高校社会实践的一根主线，始终贯穿于社会实践活动的全过程之中，发挥着导向、激励、凝聚等作用。

社会实践的教育功能主要表现在以下几方面。

（1）导向作用

高校通过社会实践活动使高校学生受到深刻的教育，发挥着社会实践教育功能所具有的导向作用，这样自始至终把高校社会实践活动引向高校教育者所要求的方向，并使社会实践活动产生教育者所期望的教育效果。高校社会实践中的教育功能好比大海中的灯塔，始终指引着高校学生朝着既定的方向前进，为其社会实践活动的顺利进行提供条件和保证，并指引着社会实践达到预期的目的和效果。尤其是在当前经济全球化、价值多元化的时代条件下，这一作用具有重要价值。

（2）激励作用

激励是关于如何满足人的各种需要、调动人的积极性的原则和方法的概括总结。激励的目的在于激发人的正确行为动机，调动人的积极性和创造性，以充分发挥人的智力效应，取得激励者所期望的结果。高校社会实践的教育功能所表现出来的激励作用主要表现在：一方面，这种激励作用能够调动高校的潜在能力，为实现社会实践活动的目标而尽心尽力，从而使高校在社会实践活动中创造出最佳成绩；另一方面，这种激励作用能够使高校通过实现社会实践活动目标后所产生的成就感和满足感，激发他们为实现社会实践活动新目标而努力奋斗的内在动力。

（3）凝聚作用

高校社会实践的教育功能所表现出来的凝聚作用，是指通过社会实践活动的实施，能够将高校教师和高校团结起来，齐心协力地为实现社会实践活动目标而采取一致的行动。高校社会实践的凝聚作用，是高校社会实践活动成功开展和目标实现的重要保证，如果没有凝聚作用，社会实践活动将会是一盘散沙，其活动目标也不能得以实现，从而失去了社会实践活动所具有的教育功能的意义。

4. 社会化功能

社会化是人类特有的行为，人只有在社会中才能实现人的社会化。社会化就是由自然人到社会人的转变过程，每个人必须经过社会化才能使外在于自己的社会行为规范、准则内化为自己的行为标准。人的社会化是指人接受社会文化的过程，即指自然人（或生物人）成长为社会人的过程。从文化的角度来看，人的社会化是文化延续和传递的过程。个体社会化的实质是社会文化的内化。著名美国社会学家奥格本对社会现象中的文化因素进行了深入探讨，他认为人的社会化过程就是个人接受世代积累的文化遗产，保持社会文化的传递和社会生活的延续。这种观点反映了人的社会化在文化延续中的重要性。从社会的角度来看，人的社会化过程不仅仅是个体融入社会的过程，也是增进社会进步的过程，也就是说，在人的全面发展的同时也推进了社会结构的发展与完善，进而促进了社会的进步。人的社会化过程有赖于个体与社会的相互作用，有赖于个人生理上的禀赋与社会环境的充分接触，有赖于个体主动参与的社会实践活动。如果一个人从小与社会生活隔离，脱离社会实践，即使他具有个体社会化的自然基础，具有健全的神经系统，也不能实现人的社会化。

对高校学生而言，社会实践有利于推进高校学生的社会化进程。高校学生拥有良好的专业技术优势，但由于学校单纯的学术环境的限制，他们对社会的了解不够全面。社会实践活动能使他们清醒地看到自己的缺点和不足，从而重新调整自己、完善自己，实现理想与实际、理论与实践、自身与社会的统一，尽快成为一个具有独立个性的人。高校学生能通过社会实践提高人际交往能力、独立生活能力和处理复杂问题的能力，以便做好从学习角色到工作角色的转变，实现高校学生由自然人到社会人的转化。长期的校园生活使高校学生对社会缺乏完整的、深刻的认识，比较容易形成认知的片面性和思维的局限性，常常用浪漫主义和理想主义的眼光看待社会和人生，使其社会化的进程受阻。通过社会实践，高校学生可以提高对社会认知的正确度，让他们走出学校这个相对狭窄的空间，投入真实的生活和工作中，为他们将来的独立生活和发展做好准备，尽早实现从自然人（或生物人）向社会人的转化。

（二）高校学生社会实践的重要意义

高校学生是国家宝贵的人才资源，是国家建设的有生力量。社会实践是高校学生成长成才的重要途径。知识来源于实践，能力来源于实践，素质更需要在实践中养成。因此，社会实践是高校实践教学的重要组成部分，对于提高高校学生思想政治素质、培养创新精神和实践能力，具有十分重要的意义。

1. 有利于高校学生提高社会适应能力

高校学生参加社会实践，既是提高人才培养质量，促进高校学生健康成长的需要，也是保持经济社会持续稳定发展的需要，同时，也是提高高校学生实践能力、社会适应能力、创业能力、创新能力的重要途径。高校学生通过参加社会实践，有利于了解社会，认识国情，开阔视野，增长才干，养成理论联系实际的良好学风；有利于高校学生锻炼意志，陶冶情操，树立正确的世界观、人生观和价值观。社会实践活动能够促使高校学生正确认识自我，保持良好心态，提高社会适应能力，促进高校学生社会化进程。通过社会实践，高校学生掌握必要的进入社会角色的知识和技能，为高校学生从学校走向社会打下必要而良好的基础，进而投身社会，服务人民，实现自己的人生价值。在社会实践活动中，高校学生走进社会、了解社会，熟悉社情民情，在广阔的社会中去学习知识、锻炼技能，培养各种各样的能力，掌握各种社会规范，从而找到理想中的自我和现实中的自我的差距，进而正确地进行自我设计、自我改造、自我调整，以适应各种社会环境和社会关系的要求，不断发展自我、完善自我。在实践过程中经过观察、分析、思考等环节，让学生去辨别真与假、美与丑、善与恶、好与坏等社会现象，从而体会人生的真谛。

2. 有利于培养高校学生的独立生活能力

独立生活能力是一个人过正常生活必须具备的最基本能力，它包括对艰苦环境的适应能力和面临挫折时摆脱困境的应变能力。独立生活能力关系到一个人一生的发展和成功，从对他人的依赖到独立生活，这是高校学生人生发展的必然趋势和结果，也是健康、成熟的具体体现。一个人独立生活能力的强弱是其品德、智力、技能、体力、意志和吃苦耐劳精神等素质的综合反映。学生独立生活的能力越强，其社会化的能力就越强，这样的学生也就越容易融入社会生活。高校积极开展高校学生社会实践活动是培养高校学生独立生活能力的重要途径，也是培养和提升高校学生综合素质的重要方式。高校学生长期生活在校园环境中，较少接触社会生活，对社会生活既不了解也不熟悉，也缺乏相应的社会生活经历和独立生活能力。通过不同形式、内容的社会实践活动，高校学生找到了自己的优缺点，就会发挥优点，改正缺点，在与他人的相处和比较中不断调整自己、提高自己、丰富自己。另外，通过社会实践活动，高校学生走出课堂、走进社会，不仅巩固和掌握课堂所学知识，实现知识到能力的转化，而且通过知识的运用还提高了其独立分析问题、解决问题的能力。

3. 有利于促进高校学生的社会交往能力

社会交往能力是指能觉察他人情绪意向，有效地理解他人和善于同他人交际的能力。社会交往能力强的人往往能成为成功的领导者、政治家、外交家、心理咨询人员、公关人员、推销员和行政工作人员等。人的社会性、个性是在社会交往过程中形成的，只有在与人交往、相互作用的过程中，人才能逐步发展起其心理能力和社会交往能力。交往是人们社会生活的基本活动方式。高校学生走出校园特定的环境，深入社会，深入基层，开展丰富多彩的社会实践活动，主动与不同职业、文化、观点的人群接触和交往，接触不同的社会层面，扩大交际范围，从而逐渐了解和掌握各种社会信息，拓宽社会视野，积累社会经验和生活阅历。

高校学生在社会实践活动中需要培养的社会交往能力主要包括：

（1）人际交往能力。从学生的角度来讲，要有良好的人际关系就必须具备较强的人际交往能力。人际交往能力不是通过课堂教学就能完全掌握的，而是要在社会生活中，逐步学会与他人交往相处。在社会实践活动中，要提高高校学生的人际交往能力，就要让高校学生学会与他人沟通、相处和共事，学会正确评价他人，看到别人的优点，学会换位思考看待问题，在与他人交往中体验信任与尊重。

（2）团队合作精神。高校社会实践往往具有团体性质，具有集体性、合作性、整体性的特点。社会实践就是让高校学生从熟悉环境到陌生环境，让学生团体内的成员共同面对困难，在社会实践的特殊环境中，促使学生团体成员之间相互信任，同心协力共同想方法、定主意，完成预期的任务。在这种情况下，高校学生必须正确处理个人与集体、个人与他人之间的关系，培养自己的团队合作精神。社会实践活动往往有共同的任务和目标、共同的进度和不同的分工，为了完成共同的任务和目标，学生之间需要互相关心、取长补短、同心协力，共同实现社会实践活动的目标。

第二节　高校社会实践文化育人的途径

我国高校社会实践活动从 20 世纪 80 年代开始发展至今，得益于党和国家的高度重视以及各高校和学生的积极配合，目前已有较稳定的内容和形式。随着社会的发展和时代的进步，社会实践的内容和形式也在不断完善与创新。高校社会实践活动，就是高校学生按照学校培养目标的要求，有计划、有组织地参与社会政治、经济、文化生活的实践教育活动，在此过程中了解国情、接受教育、增长才干。高校社会实践活动是高校思想政治教育的重要组成部分，是全面贯彻落实党的教育方针的重要举措，是推进高校素质教育不可缺少的环节。高校学生了解社会实践活动的内容和形式，是顺利进行社会实践活动的前提，也是充分发挥自身才能的重要保障。

一、高校学术研究活动

高校学术研究活动旨在挖掘高校的学术潜力，使广大学生都参与进来，充分发挥个人的聪明才智，调动其参与社会实践的积极性与主动性，力争使学术活动变成理论与社会生活相结合、学术性与趣味性相结合的一种社会实践活动的形式。通过学术研究活动，营造浓厚的学术氛围，令广大学生能够深入学习本专业知识，提高自己应用专业知识的能力，培养和提升自己的学术思维和学术习惯，达到促进学术交流，培养科学精神，全面提高应用型创新人才的培养质量的目的。

高校学术研究活动是社会实践的主要组成部分，同时也是当前高校社会实践活动的重点、难点所在，并且随着社会实践的深入和普及，高校学术研究也已具备实践活动的普遍性。高校学术研究活动，是指以课程内容和教学计划为依托，以强化和巩固理论知识为目的的社会实践活动形式。它主要是以教师为主导，以学生为主体，以课程资源为依托，以基础知识和基本技能的"教"与"学"为主要载体，展开的促进学生全面发展的对象性活动的总和。

（一）学术研究活动的特征

学术研究活动的特征主要表现在以下几个方面。

1. 教育性

赫尔巴特（1776—1841）[①]是德国著名的教育家，他的教育思想对

---

① 约翰·弗里德里希·赫尔巴特（德语：Johann Friedrich Herbart，1776 年 5 月 4 日—1841 年 8 月 14 日）是 19 世纪德国哲学家、心理学家，科学教育学的奠基人。

西方近现代教育产生了重大影响。赫尔巴特以现代心理学为基础，创立了一套完整的教育体系，因此，在西方教育史上有人把他誉为科学教育学的创始人。赫尔巴特的教育思想是多方面的，"教育性教学"是其中的一个重要方面，对近现代教育的发展产生过深远影响。学术研究活动是大学学习的"第二课堂"，在促进学生身心健康发展、培养能力、提高综合素质等方面具有重要作用。通过学术研究活动，高校既能够深化学生对所学专业理论知识的理解，强化学生分析问题与解决问题的能力，又能够培养学生诚实守信、大胆质疑、勇于创新的品性。

2. 科学性

学术研究活动的科学性是指学术研究活动要以科学思想为指导，以事实为依据，使学术研究活动具有客观性，学术研究活动不能和经过实践检验的科学原理相违背，只有这样，才能保证其科学性。以一定的事实为依据，就是使所从事的学术研究活动具有实践基础。学术研究活动就是要研究事实，研究客观实际存在的现象。无论是活动背景、目的还是方法、结论都要具有科学性，在这里，需要注意一个问题，即在学术研究活动中，怎样看待违背传统观念与常识的新问题。传统和常识并不一定都是科学的。因此，在学术研究活动中，高校要敢于怀疑和批判，敢于求真务实，善于运用已证明的科学原理对这些问题提出质疑，这同样也是尊重科学性的表现。

3. 实践性

实践性是马克思主义哲学最重要的特点和理论品质，在整个马克思主义哲学体系中，实践是贯穿始终的一条中心线索。马克思从"人本"的角度出发，强调了实践在人类自身和社会存在与发展中的决定性作用。通过实践，人类认知了之前并不知道的东西，认知了世界。学术研究活动的实践性是指高校在进行创造性思维的过程中，必须参与实践，必须在实践中促进思维能力的进一步发展，在实践中检验思维成果的正确性，在实践中培养其实践能力和创新能力。没有实践，思维的发展就失去了动力，就不会有创造性的思维。没有实践，创造性思维就会变形或是被误用，比如"独立性"就会变成刚愎自用，"跳跃性"就会变成臆想中的胡乱联系。所以，实践性是高校学术研究活动的重要特征。

4. 创新性

当今时代，科技进步与创新越来越成为社会生产力解放和发展的重要基础与标志，越来越决定着一个民族、一个国家的发展进程。一个民族要想走在时代前列，就一刻也不能没有创新思维，一刻也不能停止各种创新。创新也是人类特有的认识能力和实践能力，是人类主观能动性的高级表现，是推动民族进步和社会发展的不竭动力。学术研究活动中的创新是指学生以现有的思维模式提出有别于常规或常人思路的见解为导向，利用现有的知识和物质，在特定的环境中，本着理想化需要或为满足社会需求的原则，而改进或创造新的事物、方法、元素、路径、环境，并能获得一定有益效果的行为。学术研究活动中的创新要求学生必须紧跟时代潮流，根据世界经济、科技发展的趋势和我国国情，立足当前，着眼未来，坚持近期目标和长远目标相结合，合理开展学术研究活动，使研究成果能够真正为地方经济建设和社会发展服务。

(二) 学术研究活动的类型

1. 实验教学

实验教学一般与理论学习同步开展，且较多在理科生中开展。具体来说，实验是在理论学习后，通过自主操作论证已知的理论，或是假设、研究、讨论未知理论的过程。实验教学的开设使教学内容逐步向多层次、模块化结构转变，体现着人才培养的层次性和综合性，有利于理论教学的开展，有利于培养学生的实践能力和创新精神，也有利于形成良好的学风、严谨的校风以及求真务实的学习态度。在实验教学初期，一般教师作为实验的主导者，负责包括实验的设计、实验用品的准备、实验结果的辅助分析以及实验过程中的指导等，注重培养学生的自主操作能力。学生则是作为实验的主体者，将理论运用到实际的操作中，包括实验操作、数据测量、定性分析与定量计算、获得结论以及实验结果、实验误差等各个环节，主要由学生独立完成或学生合作完成。到学习后期，则更注重学生创新能力的培养。在学生掌握基本理论知识和操作技巧后，由学生自主设计实验，在规定主题的大方向下，允许学生自行选题、自主设计实验方案、自主实施实验操作、自主进行实验结果的分析与思考。

2. 专业实习

专业实习，是在完成学校规定课程后，把理论知识应用到实际工作中去的过程，是一种辅助教学的模式。在就业压力不断加大的背景下，许多高校毕业生因无工作经验被用人单位拒之门外，这主要是因为不少用人单位认为许多学生空有一套理论而无实际工作能力。因此，专业实习已成为高校社会实践教育的重要组成部分。同时，专业实习有利于高校在自我了解的基础上明确未来的职业方向，有利于高校了解工作内容，明确自身的优势和不足。专业实习是校园向社会过渡的一个桥梁。只有明白社会的需求和标准才能更好地适应社会。专业实习还有利于高校找到自身与职业的差距，明确自身与岗位的差距以及与职业理想的差距，从而起到自我调节的作用。

3. 科技创新

高校科技创新是指高校利用课余时间进行自己感兴趣的科学研究、参与教师科研项目、参加各类高校竞赛等活动。高校科技创新是培养学生工程实践能力、科技创新能力、创新合作能力的行之有效的途径，是培养学生创新精神和实践能力的重要环节和有益补充，对培养创新应用型人才的地方高校而言尤为重要。高校科技创新作为高校社会实践活动的重要组成部分，丰富了高校的课外学习生活，有利于调动学生学习的积极性，有利于弥补学校教育教学的不足，促进青年学生在理论和实践相结合的过程中增长才干、积累学习经验，培养学生的责任意识和管理意识，从而实现优质成才、全面成才。总的来说，高校科技创新在教学实习、创新能力培养、深造就业等方面都有积极作用。

4. 社会调查

社会调查是社会研究的方式之一，是一个研究主体不主动影响研究客体的逻辑完整的社会研究过程。社会调查的主要方式有文献回顾、实地参与观察、问卷调查、文献撰写等。它主要通过一定手段去了解、研究、分析人类社会。揭示社会最本质的现实状况，为社会问题的解决提供参考。高校走进社区进行社会调查，是直接参与人民生活和了解社会的重要方法。参与社区调查研究活动，需要同本地区人民共同生活、共同行动，注重考察、注重切身体验，对社会的真实情况进行彻底的了解，以达到调查研究的目的。在我国高校实践教学中，还专门安排了与专业相关的社会调查环节。大多数高校是由学生自己到社会上去寻找调查单位。尽管在社会调查过程中会碰到种种问题，但由于这类调查活动与学生将来的就业息息相关，所以很多学生还是非常乐于参与这类调查活动的。社会调查的关键在于深入社会、深入生活、深入实际。学生可以通过社会调查，培养自己观察现实生活、收集资料、发现问题的本领，同时增强其社会责任感，以激发学习的动力。另外，对于高校来说，每年都会有寒（暑）假社会调查活动。在这类调查活动中，学校会提供一定的经费支持，以保障寒（暑）假社会调查活动的顺利进行。通过社会调查的锻炼，高校学生不断培养自己的实践能力，同时，也能够帮助高校学生更好地融入社会。

5. 创业实践

创业实践是以培养大学生创业能力为目标，以学校、企业或其他社会组织为平台所开展的一系列实践活动，是大学生以创业者的身份进行创业实践的过程。高校创业实践是大学生创业教育的重要环节，是高校社会实践活动的类型之一，是大学生增强创业知识、培养创业能力的主要途径。这就要求国家和学校实行开放政策，以便培养更多不同类别的人；教师不应仅仅传授知识，而且必须把重点放在教学生如何学习，如何发挥主动精神上；学生则需要培养自己在多元文化环境中独立思考和协同工作的能力，能将传统或当地的知识和技能与先进的科学技术相结合以产生创造力。

我国高校从 21 世纪开始开展创业实践活动，至今已有二十多年的发展历程，但目前仍处于起步阶段。创业实践作为创业教育的重要内容，在一定程度上不仅解决了就业压力大的问题，而且还可以充分挖掘学生的潜能，培养全面发展的创新人才。我国高校始终坚持开展创业实践活动，各高校根据自己的实际情况，相继出台大学生创业实践的相关政策，在适当条件下给予大学生一定的经费与技术支持。实践证明，在经济面临下行压力的情况下，"双创"为稳增长、防风险、扩就业作出了重要贡献。

（三）学术研究活动的意义

近年来，随着我国对科学文化技术的日益重视，国家对教育事业支持力度的不断加大，同时，随着高等教育的不断深化改革，学术研究已经成为学生的第二课堂。在国家、高校以及学生的共同努力下，该领域呈现出了一片繁荣的景象。随着社会实践的普及，高校学术研究活动也渐渐成为社会实践的主要组成部分。目前，高校学术研究活动作为高校创新教育不可缺少的一部分，无论是对高校自身的发展还是对各高校的人才培养都有着极其重大的意义。

1. 有利于提高大学生的理论知识应用水平

大学生学术研究活动是在理论课程教育的基础上开展的具有发散思维、可操作性的研究性探索工作，是对大学期间所学理论知识的深入发展，是提高学生科学素养、发展自身潜能的主要途径。一方面，参加学术研究活动是高校学生强化自身实践能力，积累实践经验的过程；另一方面，大力开展学术研究活动还可以激发起广高校学生的学习兴趣，调动他们主动学习理论知识和主动参与学术研究活动的积极性。

2. 有利于促进大学生相互学习交流

学术研究活动可以分为两方面，一方面是知识层面的学术信息学习与交流，另一方面是思维逻辑上的锻炼。通过各种形式的学术活动，学生之间可以相互学习、相互帮助、共同提高。在团队合作项目的学习与研究历程中，团队成员可以各抒己见、取长补短、开拓思维。因此，学术研究活动不仅仅是知识层面上的学习，更是思想上和思维上的开拓与交流。

3. 有利于推动学术事业的发展与繁荣

从本质上看，学术不仅是一个知识体系，同时也是一个价值体系，它以独特的方式体现了人类的价值因素。学术的终极价值是为社会的全面进步、为人类的自由发展提供现实可能。学术研究通过鼓励知识创新，引导高校学生遵守学术规范，控制越轨行为，激励大学生提高学术水平，发挥着推动学术事业发展与繁荣的重要社会功能。学术研究还可以激励大学生努力实现和达到一定的学术目标，比如加强个人专业修养、完善课题设计、提高研究成果质量、促进国内外学术交流等。在这个过程中，学生的科学研究能力和创新精神也能得到锻炼和提升，这有利于推动学术事业的发展与繁荣。

二、高校社团活动

学生社团是我国校园文化建设的重要载体，是高校第二课堂的引领者，是学校课堂教育的补充和延伸。它丰富了高校的课余生活，提高了高校自我管理的能力，是高校学生增长知识、培养技能、提高素质的一条重要途径，同时也是参与社会实践、认识社会的一个重要渠道。

（一）高校社团的含义与特征

社团是具有某些共同特征的人相聚而成的互益组织。我国的社团一般具有非营利和民间化两个基本组织特征。社团与政府组织、非正式组织或自然群体有着明显的区别。在中国大陆，根据《社会团体登记管理条例》的规定，社会团体是指中国公民自愿组成，为实现会员共同意愿，按照其章程开展活动的非营利性社会组织。

高校社团，是指学生为了实现共同意愿和满足个人兴趣爱好的需求自愿组成的、按照其章程开展活动的群众性学生组织。高校社团是高校校园文化建设的重要载体，是高校活动的平台。高校社团通过开展各种形式的活动，丰富了高校的业余生活，开阔了视野，提高了学生的实践能力和综合素质，逐步形成了凝聚学生、服务学生、发展学生的独特功能。学生社团作为高校自发组织起来的群众团体，具有以下鲜明的特征。

1. 管理的自主性

学生社团一般是学生为了实现共同意愿或是满足个人兴趣爱好的需求自愿组成的群众性学生组织。学生社团是学生彼此之间，学生与学校之间，学生与社会之间沟通、协调、合作的有效途径，是学生发挥自我才能和自我个性的平台。社团管理实施自我管理、自我教育、自我监督、自我服务。因此，学生社团的管理自由宽松，与机关事业单位的行政管理方式不完全相同，从社团的发起到社团负责人的产生、社团参与人员的入会以及社团活动的策划开展等管理事务都由社团自主决定。每一位社团成员都依照社团的章程，自主承担社团里的职务，但又有一定的话语权和活动空间。

2. 组织的开放性

学生社团是自发组织的，社团组织的形式都是自由开放的。一般情况下，该组织允许学生自愿申请加入或退出社团组织；接纳来自不同专业和年级的学生；没有附加条件，如学习成绩、个性特点等要求；允许学生同时加入其他社团组织。另外，随着我国教育体制改革，高等教育也逐渐走出象牙塔，打破封闭式教育方式，社会化程度已越来越高。与此相适应，社团的开放性也逐渐得到强化。社团也开始走出校门，许多社团活动都开始与校外企业、行业协会、政府部门等进行有效合作。

3. 目标的统一性

学生社团目标的统一性有利于激发学生的积极性和主动性，有利于学生个人的培养与锻炼，也有利于社团的健康发展。任何一个组织，都是由其特定的目标决定的，组织中的每一部分都应该与既定的目标有关系，否则它就没有存在的意义。这一原理要求在组织结构设计中要以事为中心，因事设置机构、职务，做到人与事高度配合。由于社团内的成员一般都具有共同的兴趣爱好，因此，社团成员在学习、工作及生活方面往往志同道合，具有共同语言，从而使社团本身的凝聚力较强。在社团策划活动、制订方案、实施活动时，每位成员都会为共同的社团目标而努力，进而能够更有效地实现社团的目标。

4. 活动的多样性

随着社会的迅速发展，学生信息渠道拓宽，信息量的获取大大增加，这使得他们的兴趣爱好更加丰富多样。由此以兴趣、爱好、理想为动力的学生社团种类繁多，如学术类、理论类、文体类、公益类等。同时由于社团类型差异很大，社团活动规模大小不一，形式自由、灵活多样，因而吸引了众多高校学生参与到社团活动中来。因此，社团活动应当以社团成员的心理需求与兴趣爱好为出发点，以多样性的课外活动为内容，注重人文关怀，引导社团成员开展丰富多彩的活动，以更好地培养社团成员的综合素质与能力。

（二）高校社团的类型

高校社团根据不同的分类标准可以分为很多类型。若按组织性质来分，社团可分为政治型、文化型和经济型三类；若按活动方式来分，社团可分为学术型、娱乐型、劳务型和培训型四类；若按活动具体内容来分，社团可分为理论学术类、社会公益类、文体娱乐类及实践应用类等四类。本书主要从内容的角度，对社团的类型作简单的介绍。

1. 理论学术类社团

理论学术类社团是校园文化精神的体现者，始终坚持追求实事求是、与时俱进的价值观，引导莘莘学子在学术领域不断钻研和探究，并使学生的自由追求精神以及独立思想品格得以发展。这类社团其成员通过研究、讨论、实践、交流等形式，研究专业性的问题，是与实践相结合而组建的社团，或是为共同学习某项技能而聚集在一起进行研究学习的社团，如 CAD 协会、计算机协会、数学建模协会、科技发明协会等。这类社团在各高校的发展趋势尤为快速，学校对此类社团也较为重视。这类社团为有多方面学习兴趣的学生提供了一个交流与学习的平台，为不同专业的学生提供了合作学习的机会。如今该类社团已经成为培养高校创新意识和实践能力的有效载体。

2. 社会公益类社团

《中华人民共和国公益事业捐赠法》规定，公益性社会团体是指依法成立的，以发展公益事业为宗旨的基金会、慈善组织等社会团体。该法所称的公益性非营利的事业单位是指依法成立的，从事公益事业的，不以营利为目的的教育机构、科学研究机构、医疗卫生机构、社会公共文化机构、社会公共体育机构和社会福利机构等。高校学生社会公益类社团属于公益性社会团体的范畴，是当代高校服务社会、奉献爱心的载体。参与社会公益活动可以磨炼学生的意志，培养学生的社会使命感和责任感，对高校培养高素质的、有担当的人才具有积极的意义。这类社团主要从事一些非营利性的校园服务活动和社会服务活动。社团秉承"公平正义、以人为本、助人为乐、服务社会"的理念，旨在发挥专业优势，帮扶弱势群体，为构建和谐社会添砖加瓦。有一部分社团是利用其专业优势达到普及知识或是帮助他人的目的，如法律协会、食品安全与营养协会等，也有一部分社团是为校园、社会提供义务服务，如爱心社、环保协会等。近年来，我国高校公益性学生社团开展了丰富多彩的社会实践活动，公益性实践活动正成为高校践行"实践育人"理念的良好载体。

3. 文体娱乐类社团

这类社团主要是由有相同兴趣爱好的同学自发组织在一起开展各种

娱乐活动的社团。社团活动内容丰富多样，如街舞社、垂钓社、篮球社、相声社、摄影协会等，通过开展文体娱乐类活动，丰富学生校园生活，彰显青春风采。如学生音乐协会本着丰富学生课余生活，促进学生德智体美全面发展的一贯原则，会聚英才，举办乐器声乐等教学活动以及音乐交流会、情歌大赛等活动，不断推陈出新，提高学生的音乐素养和音乐鉴赏能力。学生街舞协会组织成员有计划地进行训练，培养乐感、提高街舞技能，在学校举办各种相关比赛的时候，街舞协会组织大家进行报名、排练，帮助大家积累更多的舞台表演经验，丰富同学们的校园生活。其他有关的活动比赛还包括模特大赛、主持人大赛、戏剧表演、娱乐篮球赛、书法展、棋牌比拼、诗词歌赋展才华等。文体娱乐类与其他类社团相比种类较多，学生参与人数也较多。它能丰富学生的课余生活，在增强学生身体素质、提高学生文化修养、提升学校校风等方面都有重要的作用。目前，各高校都非常重视这类社团的引导和培养，以促进学生的全面发展。

4. 实践应用类社团

实践应用类社团是以提高学生实际应用技能为宗旨，帮助和引导学生适应社会、融入社会，同时唤起高校学生的社会责任感以实现教育社会化为目标的社团。这类社团具有以实践性为根本特性、以培养实践能力为首要任务、以社会化为终极目标的特点，在高校应用型人才培养、高校创业素质培养、高校公民意识培养等方面具有重要作用。例如，心理健康协会隶属于学校心理咨询中心，协助其开展心理知识的宣传和普及工作，促使高校学生提高心理素质，健全人格，增强承受挫折和适应环境的能力。在活动方面，协会不定期组织心理讲座、心理电影、心理培训以及心理知识竞赛等活动，面向全校同学，竭诚为大家服务。学生美食协会以学习和弘扬中国美食文化、增强热爱祖国文化的社会责任感、宣传和发展健康饮食为共同目标。希望通过举办各类美食活动，在校园内推广美食文化，活跃校园气氛，促进美食爱好者之间的交流学习。同时丰富同学们的课余生活，提高同学们的动手能力，为广大烹饪爱好者提供一个交流展示的平台。

（三）高校社团的作用

当前，社团活动直接或间接地影响着校园文化的建设，已经成为校园文化建设的重要组成部分，对社会主义精神文明建设也具有重要的作用。同时，社团活动能够培养学生的团体精神、志愿精神、社会责任意识以及组织管理等多方面的能力，在进行高校思想政治教育、繁荣校园文化、拓展高校素质、开展社会实践服务等方面发挥着不可替代的重要作用。

1. 对个人发展的作用

传统的思想政治教育主要以理论和灌输为主，是一种被动式的教育，学生的积极性与主动性没有充分发挥出来。而现代思想政治教育加强了实践活动教育和环境熏陶教育，是一种主动式的教育，学生的主体地位得到了很大的提高。学生社团活动作为一种最方便、最常见的实践活动，是高校政治思想教育的重要组成部分，有着极其重要的地位。高校社团对学生个人的作用主要体现在以下几方面。

（1）有利于高校学生实践能力的培养

当代高校学生最大的弱点是实践能力差。学生毕业走向社会以后，适应性差，适应周期长，这不利于创新能力和开拓型人才的培养。高校的需求具有多层次性、多变性、多样性的特点，单单靠学校的课堂教育已经完全无法满足学生对于成长成才的需求。高校社团大多通过面试、实习两个步骤来选择新成员。组织成员开展丰富多彩的活动，如摄影培训、书画展出、主题演讲、新闻采写、报纸编排、体育比赛等，并通过各种各样的机会来培养学生的实践能力和创新精神。通过各种各样的社团活动，高校的学习不再局限在校园课堂内，理论知识应用于实际的能力、组织管理能力、社会交往能力等都能够得到全方位的锻炼和提高。

（2）有利于高校学生的全面发展

高校社团经过多年的发展和完善，已经不再是简单的群众性学生组织，它已经扎根于学生中，并且与学生的全面发展紧密联系在一起。社团作为高校课堂教育的补充和延伸，因为其专业的交叉性、活动的实践性、组织的社会性而具有实践和教育的功能，为学生综合素质的提高提供了广阔的舞台。学生在自觉自愿的基础上形成的各种社团组织，有利于高校学生开阔视野、增长知识、培养能力、陶冶情操，促进其全面发展。学生通过研究交流学术问题、参与爱心公益活动、关心社会发展、进行社团自我管理等活动的锻炼，既提升了政治素养，增强了历史使命感和社会责任感，又培养了集体精神、奉献精神及爱国主义精神，为高校的全面发展打下了坚实的基础。

（3）有利于调节高校学生的心理

大学时代正是大学生心理逐渐走向成熟的时期，学生的心理承受能力和接受能力亟待提高。特别是刚刚进入大学的学生，容易与他人盲目攀比，产生失落感，甚至产生心理障碍。参与社团活动正是解决这一心理问题的有效途径。在社团内，学生可以尽情表现自我，发挥自身优势，可以与具有共同兴趣爱好、志同道合的社团成员进行交流、谈心，建立起良好的人际关系，从而更快、更好地适应高校生活。同时，多样化的社团活动渗透着正确的世界观、人生观、价值观，能够进行社会主义、爱国主义和集体主义教育，充分体现出社团活动的教育性功能。因此，社团活动有利于调节学生的心理，发挥个人的优势，从中找回自信，肯定自我，使学生身心得到健康全面的发展。

（4）有利于促进高校学生的社会化进程

社会化是指在特定的社会与文化环境中，个体通过与社会的交互作用，理解和认同社会规范和制度，培养自己的社会角色，树立正确的世界观、人生观和价值观，从而成为能够履行一定社会角色行为的社会人的过程。而社会化过程的中心环节是社会实践，社团组织为高校的社会化提供了模拟的社会情景和实践平台。社团就像一个"微型社会"，迈进社团，犹如走进社会。高校学生通过参与各种社团活动和校园文化建设，学会了承担责任、理解信誉、尊重承诺、协调人际关系、规范自己的行为、处理各种复杂的矛盾和困难等，为今后更好地适应社会做好了充分的准备。

2. 对社会发展的作用

高校社团是大学生提前适应社会角色的平台，是高校学生走向社会的一个很好的过渡桥梁，有利于大学生全面而深刻地了解社会，有利于发挥社团在价值引导、社会沟通和帮助弱势群体等方面的作用。高校社团对社会发展的作用主要表现在以下几方面。

（1）推动社会公益服务的发展

以利他主义为中心的志愿行动促进了公民社会的成长。高校学生社团参与志愿服务，动员社团成员服务社会，这些社会公益性服务一方面体现出服务的志愿性，另一方面体现出服务过程的无偿性。对于参与公益社团的学生来说，他们的志愿行动在推动人类发展、促进社会进步和完善社区建设等方面，不断地展现出公益社团的感召力和凝聚力，从而吸引越来越多的同学参与到社会公益事业中来。高校社团的志愿服务行动将成为培育和发展公民社会的重要力量和必然趋势。

（2）具有社会教化的作用

社团在发展过程中不断完善，其活动范围不仅仅限于社团内部，也会走出校园，面向大众，面向社会。当前社团活动正由校园内的自我封闭循环的方式逐渐转变为走出校园、走向社会的方式，积极参与社区和地方的经济文化建设，把活动的范围拓展到了广阔的社会生活中。这为学生了解社会、接触社会、走进社会提供了多种途径。社团活动的兴起，让更多的高校学生走出课堂，从而令其在实践活动中学习知识、培养技能、磨炼意志、提升人格。

（3）促进社会民主化的进程

社团活动具有促进社会民主化进程的作用。主要表现是：一方面，社团活动在帮助学生树立民主管理的观念，引导学生参与学校的管理和服务，化解校园管理中的矛盾，维护校园的和谐稳定上发挥了重要作用。另一方面，学生社团活动很好地发挥了高等教育服务社会的职能，积极创新和传播社会主义先进文化，宣传党和国家的路线、方针和政策，推进社会民主化的进程。

（4）丰富校园文化建设

大学生是最富有热情和创造性的群体，是构建和谐校园的主力军，是校园文化建设的主体。以兴趣为中心形成的高校社团组织，能够促使高校组织一些积极健康向上的文化活动，可以满足高校学生对知识、技能、人际的心理需求，促进他们身心的全面发展。高校社团通过开展丰富多彩的活动，丰富校园文化，帮助形成稳定和谐、富有内涵的校园文化氛围。因此，高校社团在校园文化建设中有着举足轻重的地位。良好的教育环境对学生有着潜移默化的作用，使人在不知不觉中受到教育和影响，具有积极的、正面的导向作用。社团活动可以提高高校学生的内涵修养，从而提升学校整体的学风和内涵，营造出一种活跃、向上的浓郁的校园文化氛围。社团文化所倡导的社团精神，包括竞争精神、创新精神、科学精神、主体精神、团队精神、奉献精神、民主精神、服务精神、开拓精神、独立精神等，正是高校校园文化建设的主要内容，它不仅丰富了校园文化建设的内涵和外延，也给校园文化建设增添了新的活力。

三、高校志愿服务活动

志愿服务活动能够丰富高校的生活，是大学生参与社会生活的一种非常重要的方式，是大学生在实践中锻炼成长的现实途径。高校志愿服务活动是我国社会志愿服务活动的重要组成部分，也是目前我国高校德育工作开展的重要内容。高校学生作为志愿服务事业的一支重要力量，必须充分认识志愿服务的重大意义，在志愿服务中提升素质，在志愿服务中充实生活，在志愿服务中享受生命，在志愿服务中升华灵魂，在志愿服务中实现价值，不断推动志愿服务事业兴旺发达、薪火相传。

（一）高校志愿服务的含义与特征

高校志愿服务是在校大学生走出课堂、走出校园自愿参与服务社会的社会实践活动，秉承着"奉献、友爱、互助、进步"的志愿者精神参与实践。我国志愿者服务活动开展多年来，其广泛性和影响力以及认可度已大大提高。高校学生的志愿服务对提高学生专业知识与技能、提升高校综合素质、增强思想政治教育有效性、扩大学校影响力，甚至对社会的和谐稳定发展都有积极的作用。

1. 高校志愿服务的含义

志愿服务是指任何人自愿贡献出个人时间及精力，在不为任何物质报酬的情况下，为改善社会现状、促进社会进步而提供的公益性服务。大学生是志愿服务活动的中流砥柱，他们在不影响正常学业的前提下，运用自身所学的专业知识与技能。怀着积极向上的服务精神，满怀热情地投身于志愿者服务活动中，实现其自身价值，弘扬志愿者精神。志愿服务的范围主要包括：扶贫开发、社区建设、环境保护、大型赛会、应急救助、海外服务等。志愿服务的功能主要有：社会动员、社会保障、社会整合、社会教化、促进社会和谐、促进社会进步等。

志愿者是志愿服务活动的主体。志愿者也叫义工，即义务工作者。他们致力于免费地、无偿地为社会进步贡献自己的力量。志愿者（volunteer）一词来源于拉丁文中的"voluntas"，意为"意愿"。高校志愿服务活动中的主体是指参与志愿服务的高校学生，他们不要求回报，积极为社会服务，愿意为社会的和谐稳定发展贡献出自己的力量。

志愿精神，意指一种互助精神，它提倡"互相帮助、助人自助"。目前被社会所广泛接受的志愿精神就是"奉献、友爱、互助、进步"，这是志愿服务行为的本质。

2. 志愿服务的特征

志愿服务是有别于有偿服务和强制性劳动的服务。志愿服务具有公益性、自愿性、公众性、组织性四大特征。

（1）公益性

公益的一般含义是公共利益，即一个社会中不特定多数人的利益。公益性是志愿服务的核心理念和根本属性。志愿服务或是出于社会利益，或是出于爱心，它是基于利他主义的、自发的、不受任何人强迫的，且不以谋取报酬为目的的自愿性行为。志愿服务的受益人或潜在受益人是不特定多数人，受益主体具有开放性和公众性。志愿服务追求的是不特定多数人的利益，即有益性，主要表现为对贫弱者以金钱或物品相助，或者提供其他一些实际援助，创造增强受助者生存与发展能力的条件，维护其基本权利。

（2）自愿性

志愿服务是以道德、慈爱之心为基础，是发自个人内心的一种自由意志的主张。从事志愿服务不是被强迫的，而是人们完全自愿地对社会弱势群体无偿服务。即使人们的志愿服务意识日益增强，仍是以自愿为前提。公民把志愿服务当作个人的义务，这是一个志愿服务精神被个人内化的结果，这种内化应该是一个柔性的过程，是通过志愿服务精神的影响，体现的是"自愿性"。尽管有些志愿活动掺杂着某些义务性的或利益性的因素和压力，但是志愿活动的本质是志愿性的而非强制性的。强制参与、强制奉献、募集摊派或变相摊派、对志愿者进行单位化管理等，都不符合公益活动的自愿性原则。

（3）公众性

志愿服务是公众参与社会生活的一种重要方式和途径，主要有正式的参与和非正式的参与两种形式。正式的参与是有组织的参与，非正式的参与是指自发的、不计报酬地为社会或他人服务。志愿服务是人类社会发展的文明产物。以往的志愿服务通常是有钱人自愿将钱、物分给穷人的少数人的"善举"；而现代志愿服务的参与主体呈现多元化趋势，拥有最广泛的参与主体，无论个人还是组织均可参与志愿服务。志愿服务不是一种纯粹的个人行为，而是一种有组织、有规模的民间社会救济行为。志愿服务是一项人人可参与的事业。

（4）组织性

志愿服务组织属于非营利组织。它是指那些具有为公众服务的宗旨，不是以营利为目的的组织。它的目标通常是支持或处理个人关心或者公众关注的议题或事件。在志愿服务组织中，志愿者之间的相互支持能够形成他们的同类意识，能够激起他们更强大的面对困难的勇气和克服困难的力量。志愿者组织之间进行交流协作，可以相互交流经验，共享志愿服务的成果，相互学习以促进志愿服务的发展。当志愿者发现他们所从事的活动有更多同行者在实践时，他们也会产生更大的力量，会进一步强化他们的志愿精神，也会促使他们进一步实现自我完善。志愿者组织之间应该克服本位主义，树立全局观念，将公益资源的价值最大化，肩负起共同推进社会进步的责任。在力所能及的前提下，志愿者携手合作，广播大爱，真正做到善行天下，爱心无界。

（二）高校志愿者服务的主要类型

高校志愿服务活动类型多种多样，可根据分类标准的不同划分为不同类型。根据志愿者分类，则有专家型和非专家型志愿服务、全职和兼职志愿服务、海内与海外志愿服务；根据志愿者活动分类，则有正式和非正式的志愿服务活动、个人和集体的志愿服务活动；根据提供志愿服务的组织分类，则有非政府组织（NGO）志愿服务、大学组织的志愿服务项目、公司员工志愿者服务计划、政府员工志愿服务计划、社区志愿者服务组织等。安国启在《志愿行动在中国》一书中对志愿服务也进行了分类：若按志愿服务的内容分，则可分为专项型志愿服务、专业型志愿服务；若按志愿服务的层级分类，可分为国家志愿服务、社会志愿服务、公益志愿服务；若按志愿服务活动开展场所的不同分类，则可将其划分为校内志愿服务和校外志愿服务。下面，主要对当前各高校比较流行的高校志愿服务进行简单介绍。

1. 互助或自助型志愿服务

在当今世界的许多地区，互助和自助为相当数量的人口提供了基本的社会和经济服务，以及基本的社会福利。这类志愿服务活动的主体一般由青年志愿者组成，志愿者或因自身成长经历，或因社会服务的需要而积极主动参与。例如保护环境或者保护珍稀动物的志愿服务就属于互助或自助型志愿服务。在当前我国环境堪忧的情况下，在高校和众多社会组织中涌现了一大批自发性的或是组织性的环境志愿者。志愿者们参加保护环境的志愿服务活动以及环保意识宣传活动，为减少自然环境被破坏、达到人与自然和谐相处的目标，为促进环保事业的健康发展提供志愿服务。他们的加入进一步升华了志愿者服务的精神，进一步提高了志愿者服务的社会化程度，进一步增强了志愿者服务的针对性。

2. 慈善型志愿服务

慈善型志愿服务具有两方面的含义：一方面是指通过个人的善举和捐献钱物等来帮助他人改善福利和生活质量；另一方面是指通过捐赠、提供无偿服务以及其他志愿活动来帮助他人，改善他人的生活质量和精神状态。慈善活动与互助志愿活动存在差别，这种慈善性质的志愿活动的受益者并不是慈善组织本身，从中受益的是第三方。并且此类慈善活动主要存在于某些志愿部门或者社区组织内部。在我国高校志愿服务中，为大型活动或者自然灾害提供志愿服务就属于慈善型志愿服务。志愿者广泛地出现于一些大型活动中，并发挥了巨大的作用。在我国出现的自然灾害中，如洪涝灾害、地震灾害等，许多高校志愿者捐钱捐物，同时，也做了很多抢救伤员、帮助重建灾区家园的工作。

3. 参与型志愿服务

所谓参与型志愿服务，就是指个人去参与一个组织的过程。"参与"作为一种志愿服务的重要类型存在于几乎所有的国家和地区，在市民社会组织发展完善的国家和地区，这种类型更为常见。20世纪90年代以来，包括联合国在内的许多国际组织开始注重人类发展方向。他们强调人的选择和能力作为发展的核心，是人类发展的目标。他们认为既要取得经济发展，但是又不能损害和牺牲人类当前的福利，更不能损害后代的利益。这种有组织的志愿服务模式的参与者一般为学生和企事业单位的员工，他们大多在国家或单位的号召下参与志愿活动，并有一定的经费等有利条件作支撑。从20世纪90年代中期开始，我国已经有数以百万计的高校学生作为社会志愿者，到祖国的西部地区和不发达地区进行志愿活动，为那些贫困地区以及受灾地区的人们提供内容丰富的志愿服务。

（三）高校志愿服务活动的意义

高校志愿者服务活动在不为任何物质报酬的情况下，志愿者志愿贡献个人的时间、精力、金钱等，去从事社会公益和社会服务事业，为改进社会及推动社会进步而开展志愿服务活动，倡导"无私奉献、友爱互助、共同进步"的志愿精神。在当代社会主义市场经济蓬勃发展的背景下，在讲求竞争、效率、利益的同时，我们同样要注重公平、道义和爱心，需要一种新的时代精神作支撑，需要道德准则的规范，需要人与社会的协调。高校志愿者服务活动既继承和发扬了中华民族的传统美德，又树立了时代的新风正气，成为新时期群众性精神文明创建活动的有效载体，发挥着改进社会及推动社会进步的重要作用。总的来说，高校志愿服务活动的意义体现在以下几个方面。

1. 提升了高校的综合素质

志愿服务活动提高了高校的道德素质和精神境界。大学期间，学生能否树立起正确的价值取向和人生目标，对他们今后的人生成长起着决定性作用。高校志愿服务以社会公益为宗旨，倡导志愿者精神，鼓励高校学生积极主动参与到社会志愿服务中去，不计较个人利益，无私奉献，这对高校学生树立正确的世界观、人生观和价值观，以及树立远大的理想和抵御贪图享受等腐朽的思想有极大帮助。当代高校学生主体意识普遍较强，他们内心崇尚自我激励、完善，以构建符合当今社会主流价值观的健全的、独立的人格。志愿服务活动与志愿者精神符合现代的道德规范，获得了社会的积极评价。志愿服务虽然不计报酬，但收获了心灵的净化，提升了他人、集体和社会对自己的道德评价，这对提高高校的道德素质而言具有非常重要的意义。同时，高校学生作为特殊的青年群体，有很强的责任心和使命感。大多数高校学生认为参与志愿服务是自己应尽的社会责任和义务，并希望能做一些有意义的事情来回报社会的培育，积极推动社会文明。志愿服务活动倡导的"奉献、友爱、互助、进步"的精神符合广大高校学生的特点,满足了他们的心理需求。另外,随着志愿者行动的不断深化,志愿服务活动项目的专业化、知识化特点愈发明显。志愿服务活动的过程不仅仅是道德素质的提升、心灵的净化,还包括了心智水平的提升和发展。高校志愿服务活动作为社会实践的重要形式之一,让教育不再局限于书本理论知识,而是将理论和实践结合起来,从而在服务中检验自己的学习成果。这对高校学生的专业知识与技能、思维能力、动手能力和表达能力的培养起到了很大的帮助。

2. 推动了高校的校园文化建设

校园文化以其特有的氛围,使生活在其中的每一位师生员工有意无意地在思想观念、行为方式、价值取向等方面受到影响,实现着对人的个性品质的塑造,它具有陶冶、凝聚、规范、导向和激励等功能。校园文化是由学校全体师生员工共同参与创造并形成的一种文化,它体现了学校独特的育人思想和观念。高校校园文化作为一种文化形式,通常包括制度文化、物质文化和校园精神文化。高校校园文化体现了当代高校学生的精神风貌、内在信仰和道德观念,是高校文化氛围和精神环境的一种反映。随着社会的发展和时代的进步,传统的校园文化已经不能满足当代高校学生的精神文化需求,这就要求高校校园文化不断地创新。高校志愿服务活动的开展,为校园文化的进一步发展提供了一个开阔的平台。面向社会的志愿服务活动,如西部义务支教活动、高校暑期"三下乡"社会实践活动等项目,打破了传统的封闭式的校园文化模式。在志愿服务活动中,高校学生将从学校学到的知识技能与社会实践结合,并在深入社会实践的过程中,在提升自我价值的同时实现高校校园文化的可持续发展。

3. 促进了和谐社会的构建

建立社会志愿服务体系是构建社会主义和谐文化的要求,这种服务体系要与市场服务和政府服务有效地结合起来。开展社会志愿服务活动的目的是要人人都来参与社会和谐的建设,可以通过开展形式多样的和谐社会创建活动，以及深入到城乡社区当中去开展社会志愿服务活动，向城乡居民宣传服务社会和相互关爱的思想，以达到促进和谐社会的建设和传播和谐道德思想的目标。而高校志愿服务活动倡导的"奉献、互助、友爱、进步"的志愿服务精神，就体现了人和人之间的互助互爱、人与社会的共同促进以及人与自然的和谐共存，这与构建社会主义和谐社会的要求是完全一致的。随着社会主义市场经济的不断发展，不少人由于激烈的社会竞争和强烈的物质欲望而迷失了自我，人与人之间形成了一种互不信任、互不关心的冷漠习惯，人际关系越来越趋向于"沙漠化"。志愿服务活动为群众提供了互相帮助、互相关怀、互相关心的社会交往机会，降低了人与人之间的疏远感，让每一个人在为社会无偿奉献的同时，学会相互关怀、相互信任，从而形成一种"我为人人，人人为我"的团结互助精神。这将有助于进一步改善社会风气，净化社会环境，推动和谐社会的构建。

第五章　加强大学文化育人的对策思考

第一节　强化大学文化育人的主体

一、领导者

大学领导者是大学教育活动和大学文化的创建者、变革者和推动者，也是大学先进办学思想的传承者和探索者，他们运用高等教育法赋予的法定权力，在一定的政策和制度环境下，对大学文化的各个要素进行积极整合，将他们对大学的认识和理解，他们的先进办学理念和治校思想，通过个人素质和主观努力施加给大学人，经过一段时间的建设和发展，既会积淀为大学文化的重要组成部分，也直接指导着大学文化建设及其育人。可以说，大学领导者尤其是大学校长在大学文化育人过程中起着重要的引领性作用。

大学校长一般是一所大学某一学科的杰出教授，集专家学者的专业知识、大学管理者和教育家思想于一身，是一所大学最重要的领导者、引路人和形象代言人，某种意义上可以说是大学的灵魂所在，在大学文化育人过程中发挥着不可替代的作用。借用创新理论鼻祖、著名经济学家约瑟夫·熊彼特[1]（Joseph Schumpeter）的企业家理论，大学校长的角色正如企业家一样，不能靠教科书式的书面战略来经营和管理一所大学，更多是要依赖大学校长的个人素质，如丰富的经验与阅历、个人的

---

① 约瑟夫·阿洛伊斯·熊彼特，著名的美籍奥地利经济学家，是西方经济学界公认的博学多闻、兼收并蓄的经济学大师。一生共发表论文 200 多篇，著作 15 部，一生最大的贡献在于提出创新理论，被誉为"创新经济学之父"。

直觉判断以及敏锐的洞察力等，来推动大学的发展。杰出人物对大学理念的形成有着重要的推动作用，并使之带有其个性化特点。每一所世界一流大学的成功，都离不开杰出人物的推动，将他们的教育思想付诸实践而形成了大学的办学理念。世界高等教育历史上几次重大的转折几乎都与大学校长们极富个性的教育和治校思想有关，而一些坚持"大学理想"的校长们的教育观则对整个大学教育的发展起着不可忽视的制衡作用。不管是蔡元培之于北大、梅贻琦之于清华，还是艾略特之于哈佛，可以说没有这些杰出的大学校长，没有他们先进的办学思想，就成就不了今天的北京大学、清华大学和哈佛大学，也就没有这些大学昨天与今天的特色文化。德国教育家洪堡主张大学应该教学与科研并重，洪堡大学也因此首开大学科学研究之先河。可以说，古今中外，历来的杰出大学领导者都以其办学宗旨、教育思想、个人风格孕育了特定历史条件下的大学文化。

中国的大学治理体系具有自己的特色，中国大学实行的是党委领导下的校长负责制，在这一颇具中国特色的现代大学制度下，党委书记和校长都是大学的主要领导者，按照民主集中制原则和职责分工，与大学党委副书记、副校长等学校领导者共同领导中国大学的发展建设。其中，对中国大学文化建设及其育人起重要引领作用的是大学的党委书记和校长，他们对大学文化及其育人的重视程度，以及他们的个人思想、作风、学识、魅力等，都从不同角度引领和影响着大学文化育人的效果。因此，必须发挥好大学党委书记和校长的作用。

第一，大学党委书记和校长要努力成为社会主义政治家、教育家，发挥好引领作用。大学书记、校长要按照政治家、教育家这"两个家"的目标要求，一方面要站在政治家的高度，解决好"培养什么人"的问题，牢牢把握社会主义办学方向，坚持立德树人根本任务，以社会主义核心价值观引领大学文化的建设发展，推动大学文化育人始终沿着正确的方向发展，努力培养担当民族复兴大任的时代新人。另一方面，要站在教育家的高度，解决好"如何培养人"的问题，始终坚守大学的初心和使命，明确大学的发展定位、发展愿景、发展路径，提出先进的办学理念和治校思想，并把自己的教育思想落实到办学治校全过程、各方面，营造浓郁的文化氛围，形成独具特色的大学文化。大学党委书记和校长必须处理好"两个家"之间的关系，将这个标准具化到办学治校过程中。

第二，大学党委书记和校长要统筹大学文化建设及其育人工作，发挥好推动作用。大学领导者的重视程度直接决定着大学文化育人的水平，必须通过领导、计划、组织、控制、激励等，推动大学文化建设及其育人进程。大学书记、校长要加强对大学文化建设及其育人的思考与探索，牢固树立以文化人、以文育人理念，重视和发挥大学文化的育人功能。书记、校长要以身作则，率先垂范，身体力行践行大学精神，倡导追求真理、求实求真的科学精神和以人为本、向善向美的人文精神，营造挖掘已知、研究未知、探索新知的学术氛围，鼓励"百花齐放、百家争鸣"的宽松自由学术空气。

第三，大学党委书记和校长要以个人魅力影响大学文化建设及其育人工作，发挥好示范作用。领导者个人独特的性格、作风和品格，会对组织的文化产生重要影响。清华大学校长梅贻琦①，沉默寡言、注重实干，被称为"寡言君子"，他的这种风格影响了清华"行胜于言"校风的形成。梁漱溟②先生曾这样评价北大校长蔡元培："谈论蔡先生的一生，没什么其他成就，既不以某种学问见长，亦无一桩事功表现。然而他所成就之伟大，却又非寻常可比。这就是：他从思想学术上为国人开导出一新流，冲破了社会旧习俗，推动了大局政治，为中国历史剪开新的一页。"因此，大学领导者，作为大学的形象代言人，必须时时刻刻

---

① 梅贻琦（1889年12月29日－1962年5月19日），字月涵，祖籍江苏武进，祖先于明成祖时由江南迁居北京，后于天津落籍，为梅曾臣长子。梅贻琦出任清华校长期间，奠定了清华的校格，为清华大学做出了不可泯灭的贡献。期间，对师资人才进行严格遴选和延聘，推行一种集体领导的制度。

② 梁漱溟（1893年10月18日－1988年6月23日），蒙古族，原名焕鼎，字寿铭，曾用笔名寿名、瘦民、漱溟，后以漱溟行世。中国著名的思想家、哲学家、教育家、社会活动家、国学大师、爱国民主人士，主要研究人生问题和社会问题，现代新儒家的早期代表人物之一。

注意自身的公众形象、言谈举止、个性品格对师生的影响，不断提升自身道德品行、专业知识、综合素质和个人魅力，倡导什么、反对什么要旗帜鲜明、导向正确。品德高尚、学识渊博、治学严谨、大度豁达、个人魅力强的大学领导者，必然为师生所敬仰、崇拜和效仿，其行为本身是大学文化的重要组成部分，而其影响也必然辐射和渗透到大学教育管理服务的各方面、每个人，带动学校形成健康向上的大学文化。

二、教师

教师被誉为人类灵魂的工程师，是大学文化的主要传承者、创新者，也是大学文化的直接传播者、弘扬者，他们长期在大学学习、工作和生活，具有深厚的学科专业知识和较为丰富的人生阅历，对大学的理解和认识更加深刻，对学校的办学历史、发展现状和未来趋势更为熟悉，对学校的责任和感情更为强烈。他们与学生接触最多，他们的价值观念、行为方式、人格魅力直接体现大学文化。他们通过课堂主渠道、学科文化、科学研究等言传身教、教书育人，将自身习得和感悟的大学文化言传身教给学生，对学生产生影响，是大学文化育人的主力军与核心力量。因此，必须激发大学教师加强大学文化育人的意识，发挥他们的主观能动性，才能更好地实现大学文化育人。

第一，大学教师要强化思想政治素质，自觉成为"四有"好老师。"经师易求，人师难得。"教师作为一份特殊的职业，是人类历史上最古老、最悠久的职业，担负着教育人、培养人的神圣职责，被视为道德的灯塔，具有很强的标杆引领和示范性。大学教师必须坚持教育者先受教育，自觉加强师德师风建设，自觉提升教书育人本领，坚守底线和红线，成为学生做人、做事、做学问的一面镜子，既要当好传播知识、授业解惑的"教书匠"，又要当好传道布道、塑造价值的"大先生"，积极践行社会主义核心价值观，努力成为先进思想文化的传播者、党执政的坚定支持者，给学生心灵埋下真善美的种子，引导学生扣好人生第一粒扣子，更好地肩负起培养德智体美劳全面发展的社会主义建设者和接班人的责任。

第二，大学教师要提升教学科研能力，主动践行大学精神文化。大学教师要尊重和热爱教师的职业，成为践行大学精神文化的楷模。大学教师不仅要传授高深知识，还要研究创造新知识、新技术、新文化。要耐得住寂寞，守得住信念，潜心研究学问，不急功近利、浮躁世俗，有"板凳要坐十年冷""十年磨一剑"的执着与坚守，达到"衣带渐宽终不悔，为伊消得人憔悴"的境界。要仰望星空，勇于攀登科学高峰，坚守科学家的理性精神，严谨治学，崇实求真，敢于反思和批判，以科学的态度对待科学，以真理的精神追求真理，达到"独上高楼，望尽天涯路"的境界。要有知识分子的家国情怀和风骨，"先天下之忧而忧，后天下之乐而乐"，淡泊名利，不随波逐流，心系国家，主动瞄准国家战略，自觉服务祖国人民。要脚踏实地，坚持理论联系实际，知行合一，"纸上得来终觉浅，绝知此事要躬行"，积极了解掌握世情国情社情，关注社会、关注现实、关注当下，把论文写在中国大地上，把汗水洒在中国大地上。

第三，大学教师要树立以文化人理念，积极推动大学文化育人。大学教师要坚持以文化人、以文育人，增强对大学文化的认知、选择与认同，增强文化自觉和自信，注重发挥大学文化的育人功能，引导学生进入芝兰之室，默默散发自己的馨香，持之以恒、积微成著，达到久而自芳的效果。

三、管理者

大学的管理者是大学领导者意图的组织者、推动者和执行者，他们直接面对教师和学生，具体制定和执行有关制度，负责和参与大学文化建设，通过具体的管理行为实践将大学精神和大学制度落到实处，其地位和作用是显而易见的。同时，管理行为本身既是大学制度的落实过程，也是大学行为方式的重要体现，是大学制度文化和行为文化的重要组成部分。从一定意义上说，大学管理的价值正在于自觉有效地构建大学文化。

第一，大学管理者要增强大学文化自觉、自信和自强。从组织文化角度出发，可以借鉴管理学中"文化管理"的概念，将其运用到大学管理工作中，更容易提升管理者对大学文化的认知认同。管理者要切实增强对大学文化重要性的认识，把握大学文化的发展规律、大学文化的建设路径和大学文化育人的方法，自觉将大学文化的精神内涵融入管理服务工作的各个环节和制度建设的方方面面。在管理工作中，要摒除特权化思想，避免行政化趋势，提升管理水平、服务质量和办事效率。要尊重教师和学生，营造严谨、和谐、高效、有序的管理氛围。要在继承的基础上不断创新，好的继续坚持，问题尽快整改，短板尽快补齐，进一步增强建设中国特色社会主义大学的自信及所在大学文化的自信。

第二，大学管理者要推动大学文化建设，形成育人合力。大学文化建设主要依靠管理者来推进。管理者要坚持以社会主义核心价值观为引领，结合学校历史传统和办学特色，统筹大学精神文化、物质文化、制度文化和行为文化四位一体建设，努力形成具有中国特色、地域特点和自身风格的大学文化。要牢固树立精品意识、文化意识，做亮做强大学文化。要注重长短结合、远近结合，对大学文化建设既有整体规划和设计，又要做好当前的每一项具体工作。要强化大学文化育人的理念，在政策出台、制度制定、工作推进、服务师生、校园建设等各个方面，彰显大学精神，潜移默化地影响师生员工。

大学教师与管理者作为大学文化育人的两个主体，他们之间因为各自群体的特点不同，存在一定的文化冲突和矛盾。这种冲突和矛盾的产生，主要是因为"'自大与傲慢'的学术人与'不卑不亢'的行政人""'学究的'学术人与'世俗的'行政人""'个人本位'的学术人与'组织本位'的行政人"等差异性引起的，是大学行政权力与学术权力之间矛盾的必然反映。因此，在推进大学文化育人过程中，要注意平衡好不同文化主体之间的冲突与矛盾，发挥好各个主体的育人作用。

四、学生

大学文化育人的对象是学生，大学文化的本体功能是育人功能。学生之于大学首先是一种对象性存在，是大学文化的修习者和大学文化育人的对象。学生之于大学也是一种主体性存在，对大学文化建设与发展发挥着主体性作用，也是大学文化的建设者和彰显者，在参与大学文化建设过程中实现自我教育。

大学生是大学校园最具生机和活力的群体，要发挥学生在大学文化育人尤其是行为文化育人中的作用，开展丰富多彩的校园文化活动，依托兴趣社团，打造校园文化活动品牌，让学生在参与校园文化活动过程中提升文化修养。在学生传承与被传承大学文化的过程中，来自不同文化背景的学生会把多元文化带入大学校园，影响到教师和其他学生的文化选择与吸收，其自身文化会与大学文化发生交流、交融、交锋，从而推动大学文化的传承与创新。

同样，大学教师与学生这两个主体之间也存在一定的文化冲突。不可否认的是，师生文化冲突在我国更具有传统文化的渊源，"天地君亲师""一日为师，终身为父"等尊师重教传统更是为教师形象打上了师道尊严的权威主义烙印。当下的中国大学，教师的"权威中心主义"势必遭到接受现代文化崇尚"个性主义"的高校学生的剧烈对抗与反叛。师生交往过程中高校学生对教师"灌输与说教"的排斥和反抗，以及教师运用自己的权威对高校学生个性自由解放思想的"控制"与"疏导"，就是师生之间典型存在的代际文化冲突的反映。占据师生关系主导地位的教师们低估了青少年在构建各自的人生目的和道路方面的创造性活动，于是，虽然同是面向未来，但师生之间并没有真正的沟通和交流可言。因此，更需要占据权威和主导地位的教师加以平衡和缓解，坚持以学生为本，把学生视为平等主体，培养学生的问题意识、批判思维和创新精神，树立主体间的师生交往观，进而涵养学生的自由人格，弘扬大学的精神气质。

从以上分析不难看出，大学文化的形成发展和育人作用的发挥，离不开大学人的共建、共有、共进、共享。多重主体参与和协作是大学文化形成、传承、发展、创新以及育人的前提和保证。只有发挥好每一主体的作用，大学文化才能得到最大限度的传承创新，发挥出育人最大的功效。

第二节　丰富大学文化育人的内容

一、大学精神文化育人

大学之大，首在精神之大。大学精神文化是大学在长期的办学实践中积淀而成的为全体大学人所普遍认可和传承，并不断对后来者产生重要影响的价值追求、办学理念、历史传统、道德情操、思维方式等的哲学抽象，是一所大学最具本质性和个性化的精神气质和风格特征。大学精神文化虽然像空气一样看不见、摸不着，却弥漫并体现在大学组织运行规范和大学人的思维与行为方式等非物质性的存在之中，时时刻刻充盈着整个大学校园，影响着每一位大学人，并外化为师生的精神风貌、组织管理制度和校园物质环境，即具体体现在校风、教风和学风等方面。一般而言，大学精神文化包括大学精神、办学理念、历史传统等重要元素。

（一）大学精神

从哲学角度看，人是"类"属性、"群体"属性和"个体"属性三个层次的统一。从这一视角出发来探讨大学精神，可以将大学精神分为三个层次。首先，大学所创造和传承的文化是人类较高层次的文明成果，孕育的精神是人的"类"意义上的普遍精神，具有人类文明和人类文化的普遍属性，可以将其概括为具有人的"类"属性的普遍意义的大学精神。其次，人作为文化的产物，处于不同社会历史时期、不同民族文化传统、不同地域特点的人所传承和发展的文化，势必会印有深刻的时代文化精神、民族文化特色和区域文化特点的烙印。因此，从大学人这个群体属性来看，大学精神具有时代性和民族性，也即体现人的"群体"属性的特殊意义的大学精神。大学精神是民族精神精髓的凝聚和体现，大学精神所蕴含着的人类精神和民族精神为一个民族提供丰富的精神营养，在任何时候都是激励和引导一个民族不断前进的不竭动力。

1. 普遍意义的大学精神

普遍意义的大学精神在大学精神中居于宏观层面，源自大学文化传承与创新的基本职能，是人的"类"精神在大学这一组织层面的具体体现，具有与其他人类文化精神相一致的同构性，是人类永恒追求的文化精神。美国教育哲学家约翰·S. 布鲁贝克①（John S. Brubacher）曾指出，大学甚至不只是一个教堂，而是一座人类精神的圣殿。开放精神、批判精神、超越精神以及自由精神，是人在其自由自觉的生命实践活动中从事实到可能、从现实到理想、从有限到无限发展进步的历程中体现出来的永恒的人的"类"意识和"类"精神。这些具有普遍意义的人类精神通过人类文化渗透到大学这一文化组织之中，体现为具有普遍性和永恒性的大学精神普遍意义层面。古今中外的大学，无不将这些精神追求作为自己的精神内核，成为所有大学最具普遍意义的精神元素。

（1）自由精神

自由是人类意识的本质体现，自由精神在大学这一组织的具体体现，就是追求真理的精神。大学是研究高深学问的学术共同体，对于真理的追求是人类认识和改造世界的自由自觉活动。追求真理既需要大学人内心世界的无限自由，也需要大学组织和社会为孕育真理提供自由而宽松的环境。因此，普遍意义的大学精神首先就体现为学术自由精神。中国大学始终坚持学术研究无禁区，无论是世界名校斯坦福大学的校训"让自由之风劲吹"，还是中国顶尖学府北京大学所倡导的"思想自由、

---

① 约翰·S. 布鲁贝克（John. S. Brubacher，1898 年－1988 年）是当代美国高等教育哲学家。

兼容并包"之风，都是人类的自由精神在大学的具体体现。

（2）批判精神

马克思主义否定之否定原理，在人类精神上就体现为批判精神。人类认识是在不断的批判与否定之中，从必然王国走向自由王国。大学是人类探究真理、创造前沿学术新知的场所，批判精神是大学内在的本质规定性之一，这也是大学区别于其他社会组织，被称为社会的镜子和灯塔的原因所在。从中世纪大学是绝对的自治、自由，到 19 世纪大学是封闭的象牙塔，到 20 世纪大学是社会本身，再到 21 世纪大学支撑和引领社会发展，可以说大学批判精神在不同的历史阶段有不同的内容，也表现出大学批判精神逐渐走向自觉的过程。鲁迅[①]先生在《我观北大》一文中提出，第一，北大是常为新的，改进运动中的先锋要使中国向着好的，往上的道路走。第二，北大是常与黑暗势力抗战的。钱穆据此将北大精神总结为批判和创新两个方面。北京大学自成立以来，始终保持批判社会的精神，成为中国大学批判精神的典范。

（3）开放精神

开放是人类生存和发展的必然选择，开放精神也是人类本真的精神之一。大学作为传承和创新文化的主要载体，必须也必然是开放的。不管是中国古代的稷下学宫还是西方世界的柏拉图学园，再到现在的世界一流大学，大学不断接纳外部世界、不断开放自身，从过去的象牙塔到成为现在的社会核心景观、轴心机构，从单一的服务贵族到面向大众，从只招收本国学生到现在不同国家、民族、种族、肤色的学生共处一堂，从教师的单打独斗到组建大团队再到现在的跨国联合实验室，可以说，一部大学的发展史就是一部大学不断开放、吸纳的历史。"万物并育而不相害，道并行而不相悖。"（《礼记·中庸》）开放精神要求大学既有一种成熟理性的文化自信和文化自觉，又秉持一种宽容的态度，营

---

① 鲁迅（1881 年 9 月 25 日—1936 年 10 月 19 日），曾用名周樟寿，后改名周树人，字豫山，后改豫才，浙江绍兴人。著名文学家、思想家、民主战士，五四新文化运动的重要参与者，中国现代文学的奠基人。

造一种"海纳百川，有容乃大"的包容环境。北京大学老校长蔡元培先生在执掌大学之印时，坚持开放办学，倡导兼容并包方针，延揽具有不同学术思想的大师，推动北大人才荟萃，学术繁荣盛极一时。这种精神也影响至今，成为现在北大精神的重要组成部分。当代世界一流大学无一例外地都把国际化作为重要办学理念和发展战略，也是大学开放精神的重要体现。

（4）超越精神

超越是实现由事实到可能、由现实世界到理想王国的必然路径，超越精神也是人类不断解放自身、发展进步所秉持的重要精神之一。没有这种超越精神，人类社会就会裹足不前。对大学而言，超越精神是大学不断发展进步的内生动力。正是基于大学人对卓越的不懈追求，在不断地超越自身过程中，翻越一座座科学高峰，应对人类面临的共同风险和挑战，跨越学科差异、体制藩篱、时空界限、学校围墙，在包容中追求完美，创造新的知识和文化，实现自身的价值，进而推动人类文明进步。因此，超越精神是大学具有普遍意义的人类精神之一。大学是人类本质之超越有限、生生不息生命的所在，是我们永恒人类的有形体现。

综上所述，普遍意义的大学精神，使得大学发挥着引领人类文化前进方向、促进社会文明进步的重要作用和功能，成为人类文化传承与创新的最核心使命和最重要机构。普遍意义的大学精神并非世界一流大学所独有，也并不是哪个国家的大学所独有，这些精神是超越时代、超越民族、超越国界的，是与大学同在、与人类文化同在的，是所有大学对人类社会发展进步的终极意义和价值旨归，只不过世界一流大学的大学精神体现得更加鲜明而已。

2. 特殊意义的大学精神

大学精神是一定社会历史阶段的文化状况在大学的总体折射和具体体现，具有时代性和民族性，是大学这一组织区别于其他组织的显著特征和主要标志。特殊意义的大学精神是处于中观层面的大学精神，在不同国家、不同民族、不同历史时期有着不同的精神内涵。

一方面，特殊意义的大学精神受到时代精神的影响，不断吸收和汲取时代精神的精华，体现出鲜明的时代性特征，如爱国精神、科学精神、人文精神、创新精神、独立精神等。这些精神总是与社会发展的不同历史阶段相适应，并随着社会历史的发展变迁而积淀于大学的发展历史长河之中。其中，科学精神与人文精神是普遍意义的大学精神在大学的集中体现。

科学精神所蕴含的学术自由、思想独立、追求真理、实事求是，即求真精神；人文精神所展现的以人为本、兼容并包、爱国奉献、服务社会，即求善精神，是特殊意义的大学精神的精华，也与人类精神即自由、开放、批判和超越精神交融共契。作为人类社会发展进步的两大精神支柱，科学在工具理性意义上认识和把握人的外部世界运行的客观规律，而人文则是在精神与意义的价值理性层面协调人与外部世界的对象性关系。科学精神与人文精神是大学精神的最高境界，如车之两轮、鸟之两翼，不可偏废。没有人文精神的滋养，科学教育培养出的人才可能是没有灵魂的技术派；没有科学精神的支撑，人文教育也难以培养出解决社会生产和生活难题的现代化人才。科学精神和人文精神必须紧密结合，只有把科学精神和人文精神结合起来，才能达成真善美的和谐统一。当代中国大学，要在强化大学的科学精神和人文精神上下功夫，尤其要解决好人文精神缺失的问题，更加强调科学精神的价值理性和人文精神内涵，在大学育人实践过程中将科学精神和人文精神紧密融合，对于培育人格健全和精神完整的人才具有重要意义。

另一方面，大学总是处于一定的民族文化传统之中，传统文化和民族精神时时刻刻都在影响着大学文化、大学精神，使之形成不同的文化特色。

对于当代中国大学而言，要立足中国当代的时代精神和民族精神，积淀和形成属于自己的大学精神。从中国大学的历史传统和现实情况出发，中国大学除了具有其他大学所具有的某些特殊意义的大学精神外，还具有中国特色社会主义大学精神的独特内涵，突出体现为爱国主义精神、自强不息精神、改革创新精神。

（1）爱国主义精神

中国知识分子的爱国主义精神传承千百年延续至今，是中华民族虽历经沧桑却能不断繁衍发展的精神脊梁，是中华民族精神的核心元素。从古代的太学和书院修身、齐家、治国、平天下的家国情怀，到近代以来建立的现代意义大学的天下兴亡、匹夫有责的责任担当，中国大学身上始终闪耀着爱国主义的光辉。特别是近代以来，中国现代大学在教育强国、实业救国、救亡图存的期盼中诞生，爱国主义从一开始就是高扬的旗帜，成为中国大学的精神命脉。不管是五四运动谱写出的五四精神这一爱国主义篇章，抑或是南开大学老校长张伯苓的"爱国三问"，即"你是中国人吗？你爱中国吗？你愿意中国好吗？"还是西南联合大学筚路蓝缕、弦歌不辍，艰难困苦条件卜为国家培养人才的爱国情怀，都是中国大学精神的灵魂与主线。中华人民共和国成立后，中国大学和知识分子所创造的"'两弹一星'精神"、西安交通大学等高校的"西迁精神"等，都是爱国主义精神在当代的最好诠释。改革开放以来，中国大学以振兴中华、实现中华民族伟大复兴为己任，坚持为服务国家和社会发展培养一流人才，创造一流科研成果，主动服务国家经济社会发展，继续传承和弘扬着中国大学的爱国主义精神血脉。可以说，爱国主义精神是中国大学精神最鲜明的特质。

爱国主义精神不仅熔铸于中国大学的血脉之中，还直接体现在大学的精神文化之中，如北京大学"爱国、进步、民主、科学"的办学传统，重庆大学"耐劳苦、尚俭朴、勤学业、爱国家"的校训，以交通大学为代表的一批大学响应党和国家号召，献身大西北建设，铸就的以"胸怀大局、无私奉献、弘扬传统、艰苦创业"为主要内容的"西迁精神"，等等，都带有鲜明的爱国导向。

（2）自强不息精神

"天行健，君子以自强不息。"（《周易》）自强不息精神是中华民族精神的重要组成部分，也是中国大学精神的重要元素。回顾中国现代大学的发展史，就是一部自强不息的奋斗史、创业史。中国相当一部分大学诞生于民族危亡之际，在内忧外患、战火纷飞的动荡岁月艰难负重前行，在物质条件极为艰苦匮乏的条件下开展教学、科研，为国家存续和发展培养卓越人才。中华人民共和国成立后，中国大学在一穷二白的基础上起步，也是靠着自强不息的奋斗精神，摸索出一条符合国情的中国特色一流大学建设之路，正在朝着有特色高水平大学目标阔步前进。

(3) 改革创新精神

人类文明发展的不同时代会产生不同的时代精神。在中国改革开放的伟大时代形成的改革创新精神，成为当代中国的最强音。以改革创新为核心的时代精神同以爱国主义为核心的民族精神，共同构成了中国精神的核心元素。大学作为社会的核心景观和轴心机构，同样孕育和弘扬了以改革创新精神为核心的时代精神，改革创新精神也成为中国大学具有特殊意义的大学精神核心元素之一。改革开放以来，中国大学的改革只有进行时，没有完成时，人才培养模式改革、人事制度改革、科研管理体制改革、后勤社会化改革等不断深入推进，为中国大学不断注入新的活力。与此同时，大学作为国家创新体系的重要组成部分，始终是优秀文化传承的载体和思想文化创新的重要源泉，创新精神是大学精神之魂。

3. 个别意义的大学精神

个别意义的大学精神，是一所大学在一定的历史、地理和文化传统的影响和熏陶下，经过长期的发展积淀而形成的大学精神文化中最具典型性和代表性的传统与风格，是一所大学办学特色的重要体现和大学精神的个性化表达，是其区别于其他大学的显著特征。在讨论一所大学时，最直观的印象就是这所大学个别意义的大学精神的主观折射。

个别意义的大学精神一般通过表征一所大学独特风格的校徽、校标、校匾等具有徽征性质的视觉形象识别系统等展现出来。大学校徽是一所大学最直接的标志，代表着这所大学的历史传统、办学理念、价值追求和文化底蕴。

从我国大学的校徽来看，大体有以下几种类型：第一类是将学校主楼等标志性建筑作为校徽，如中山大学、武汉大学、哈尔滨工业大学、兰州大学等，这类大学的主楼一般都是经典建筑且很有特色。第二类是以大学校名简称，或以校训作为主要内容，前者如北京大学、复旦大学、南开大学等，后者如清华大学、厦门大学，其特点是能够非常醒目地看出大学校名或校训。第三类是沿用学校历史上沿袭下来的校徽，用以彰显学校漫长的办学历史和历史上的显赫地位，如南京大学、上海交通大学、东南大学等。第四类是以学科特色或行业特色标识作为大学校徽，凸显自己的办学特色，如北京航空航天大学、中国政法大学、北京中医药大学等。第五类是从大学精神、办学理念等抽象而成的标识作为校徽，用以弘扬大学精神，如浙江大学、中国人民大学、同济大学等。透过这些颇具个性化、体现大学办学传统与大学精神的徽章，能够触摸和感知到一所大学对"大学之大"的理解和诠释，成为支撑每一所大学成长发展的精神力量，彰显了今日世界大学之林的丰富性与多样性。

事实上，个别意义的大学精神、特殊意义的大学精神和普遍意义的大学精神，三者既是一种从微观层面到中观层面再到宏观层面来探讨大学精神内涵的层次划分，也是一种从表层至中层再至内核，由表及里地认识大学精神的一种结构划分，这种划分未必最科学最严谨，但必须承认的是，一所成功的高水平大学必然有支撑自身发展的大学精神，这些大学精神尽管各有各的特色和个性，但从人的"类"意义上看，无疑都是人类自由、开放、批判、超越精神在大学的具体体现。

大学精神不是人为设定的，也不是哪位校长或大师头脑中的理念产物，它是介于理性与情感之间的一个范畴，它的形成是多重因素长期相互撞击和融合的结果。大学精神的形成不会一蹴而就，要经历一个相对较长的历史过程，大学精神一旦形成就又具有相对的稳定性，会成为大学培育一流人才、推动自身发展的价值理念和思想指针。当然，大学精神形成后不会一成不变，会因为大学开放包容的特性，随着时代的发展而不断得到丰富和发展。

（二）大学理念

大学理念是大学人对办什么样的大学和如何办大学的总体看法，是对大学使命、功能、大学内部管理和外部关系等的理性认识，以及对一所大学的办学定位、办学目标和发展路径等的理性概括。大学理念在一定阶段的办学实践中获得大学人广泛认可后，又会被抽象、概括、凝练为独特的大学精神。

大学理念是一个古老而又常新的话题，只要有教育活动存在，就会有教育理念存在。大学理念是大学发展的指南针，有什么样的大学理念就会有什么样的办学实践、办成什么样的大学，世界一流大学都有自己独特的办学理念。如崇尚学术自由理念、教授治校理念、注重学术研究理念、通识教育理念、注重个人价值理念等，这些先进的大学理念，推动了大学走向一流。大学理念都是在大学的办学实践中，根据"社会环境、时代潮流、领袖人物、学校传统"等因素，结合学校实际，经过全体大学人共同努力形成的，决不能照抄照搬、简单模仿。

中国现代意义的大学起步较晚，大学理念在一个多世纪的发展演进中，既熔铸了中国古代太学和书院等高等教育机构传统办学理念的精华，也吸收了西方现代大学理念的精髓，在探索中不断发展。中华人民共和国成立以来特别是改革开放以后，随着高等教育的加速发展以及对外开放的加深，中国大学在中西方文化的交流交融交锋中不断树立自信，立足中国大地，探索出一条具有中国特色的大学发展之路，形成了中国特色社会主义大学理念。这些大学理念主要包括以下几种。

1. 坚持办学正确政治方向理念

办学方向事关大学培养什么人、如何培养人、为谁培养人这个根本问题。坚定社会主义办学方向，这是中国大学与其他国家大学的最本质区别，也是中国大学最大的特色。坚定社会主义办学方向，要贯彻落实党的教育方针，坚持党对高等学校的领导，坚持和完善党委领导下的校长负责制，充分发挥高校党委的领导核心作用，切实履行管党治党、办学治校主体责任，把方向、抓大事、作决策、保落实。要按照新时代党的建设总要求，全面加强党的建设，推进高校全面从严治党向纵深发展、向基层延伸，把党的建设优势、思想政治工作优势转化为培养社会主义建设者和接班人的优势。要加强思想政治工作，弘扬和践行社会主义核心价值观，进一步加强理想信念教育，提升思想政治教育的亲和力和针对性。

2. 坚持立德树人根本任务理念

人才培养是教育的出发点和归宿，古今中外，尽管各国的教育理念各有差异，但在教育的根本任务是培养社会发展所需人才这一点上是有共识的。中国特色社会主义大学的根本任务是立德树人，培养德智体美劳全面发展的社会主义事业建设者和接班人。因此，要把立德树人的理念融入大学建设发展全过程、各领域、各环节，以其成效作为检验学校各方面工作的根本标准，始终以立德为根本，以树人为核心，坚持科学教育与人文教育相结合，专业教育与通识教育相协调，切实做到以德育人、以文化人，不断提高学生思想水平、政治觉悟、道德品质、文化素养。

3. 坚持国际化开放办学理念

科学无国界，大学是一个高度开放的学术共同体，一直以来就有着同行之间相互交流的传统。开放性与国际化是世界一流大学的显著标志。世界一流大学不是自封的，一定是在国际舞台与其他世界一流大学的竞争中形成的。中国大学在迈向世界一流的过程中，国际化开放办学理念是必然选择。为此，必须坚持"引进来"与"走出去"相结合，把加强国际交流与合作作为培养一流人才的重要途径。一方面，吸引国际一流师资来校开展教学科研工作，吸引一流的国际学生来校学习交流。另一方面，要输送学生赴海外留学或联合培养，选派优秀教师赴国外一流大学访学以及开展合作科研，还要向外输出优质教育资源，走出去开展跨境办学，在对外交流与合作中提升自身办学实力和国际影响力。

二、大学制度文化育人

制度是组织存在和发展的基础，一般是指组织所有成员必须共同遵守的行为规范。制度与文化密不可分，制度以表征权利和义务规则为核心内容，其精神内核是制度背后所体现的文化内涵，即制度文化。制度文化是组织成员在制度体系之下，经过长期的积淀形成的对制度的一种认知、看法与习惯，是人的行为受到的一种外在的约束力量。这种约束力量既包括正式的、体系化的、有正式文本的规则体系，即"成文法"；也包括非正式的、非体系化的、约定俗成的行为规则，如道德、传统、风俗、习惯等。广义的制度与制度性文化大致相同，是个人的行为受到来自主体以外的约束。本质上，制度文化是精神文化在制度层面的反映和体现，有什么样的精神文化就会产生什么样的制度文化。大学制度文化根植于大学这一文化沃土，浸润着丰富的人文精神，形成自己渗透着大爱精神的独特的文化品格。良好的制度文化有利于凝聚大学人的归属感和使命感。

大学制度不能脱离于现实社会而孤立地存在，总是处于一定的社会制度、文化背景和现实境况之中，因此大学制度及制度文化建设自然会受到社会文化和制度的掣肘。对于中国大学而言，所有规章制度的制定和执行必须根植于大学文化的沃土之中，体现社会主义核心价值观的要求，体现大学文化的价值追求。只有那些符合社会主义核心价值观和大学精神文化要求的大学制度，才能为大学人所认可和认同，才能很好地被执行，进而形成制度的激励和约束的效果。大学制度文化育人应主要从以下几个方面发力。

（一）大学制度文化的根本载体：大学章程

对于国家而言，内部治理最重要的根本大法为宪法；对于大学而言，内部治理最重要的根本制度是章程。大学章程是一所大学具有宪法性地位的"根本大法"，是大学内部治理最高规范，是大学制度文化的根本载体，体现了一所大学对其自身价值和使命的理解与认识。大学章程是大学依据本国的高等教育法和自身的办学宗旨、办学理念、办学历史、办学特色和办学实践等自主制定，既有对大学使命、办学目的、领导体制、管理机制、机构设置、资金来源、师生权利义务等大学根本问题的规定，也涉及大学与政府、大学与社会之间的关系，一经大学最高权力机关批准并报请上级教育管理部门核准进行对外发布，便具有最高的制度效力，大学其他规章制度必须依据大学章程制定、修改、废止和解释，不得与之冲突或抵触。大学章程的制定，进一步理顺了大学与政府、大学与社会的关系，有利于实现大学自治，处理好大学学术权力与行政权力的冲突与平衡，是维护大学正当权利、形成大学制度文化的基石。

大学章程是大学文化在制度层面的集中体现，综合反映了中国特色社会主义大学的价值追求、核心使命、办学理念、培养目标和时代特征，是深入推进大学文化育人的顶层设计。制度的生命力在于执行。下一步，要以章程为核心，推进制度的立、改、废、释工作，逐步构建起完备的中国特色现代大学制度体系，为实现大学自治和学术自由、为推动大学文化育人提供制度保证。

（二）大学制度文化的核心要义：大学自治与学术自由

大学作为一个独立的学术组织，其制度及制度文化所涉及和调整的无外乎两方面关系，即大学的外部关系和大学的内部关系。

第一，大学自治。所谓大学自治，是指大学作为一个独立的法人实体，不受政府、社会、企业和其他组织的影响和干预，享有高度的办学自主权，能够独立自主地按照自己的办学理念和发展战略开展办学活动。当然，大学的发展总是处于维护办学自主权、追求大学自治与外界干涉的冲突与平衡之中。一方面，大学在极力争取自身的办学自主权以实现大学自治；另一方面，又不得不去面对和迎合外界的各种或直接或间接的影响和干预，以获取足够的办学资源和办学条件。维护大学自治，落实大学办学自主权，必须处理好几层关系：一是处理好大学与政府之间的关系。政府对大学的影响始终是各个影响因素中最大的一个，也是最关键因素。解决好政府与大学的关系，是现代大学制度必须面对和解决的基本问题。政府主要承担起维护大学发展秩序、建设良好的制度环境，加强宏观指导和调控，建立合理稳定的教育经费拨付和增长机制，为大学发展营造良好的外部环境。二是处理好大学与社会、企业和其他组织之间的关系。企业是支持大学发展的一支重要力量，在大学人才培养、科学研究、社会服务过程中发挥着不可或缺的作用。大学从企业获得的支持随着其贡献的加大不断呈现增长趋势，从企业获得的支持正在成为大学办学经费的重要来源，产学研联合正在成为推动现代经济社会发展的有效路径。三是要处理好大学自身的自律问题。维护大学自治，必须加强大学自律，坚持自我约束、自我管理、自我完善，自觉遵循教育规律、人才培养规律、思想政治工作规律来建立健全各项制度，形成有利于优秀人才培养的制度与制度文化。

第二，学术自由。大学作为研究高深学问的重镇，学术自由无疑是其发展的精神支柱。大学是由不同的学科和专业组成的，学科和专业本身的设置与发展，学术研究的深入，都有自身的规律性，是行政权力无法完全控制和解决的。科学是理性的活动，需要对之进行无止境的探索，任何限制都会妨碍科学的发展。因此，只有充分发扬学术自由，为大学发展提供广阔的自由空间，让广大师生在学科专业领域广泛而自由地探索和实践，才能创造出百花齐放、百家争鸣的学术氛围和繁荣景象，才能推动学科专业的不断发展进步，才能创造一流的学术成果，才能培养一流的创新人才。为此，必须正确处理好行政权力与学术权力之间的关系，切实把学术权力还给教授，由教授来自由地决定自己的研究方向，让教授来研究决定大学的学科专业设置、学生的课程安排和人才培养方案，确保教授拥有"教"和"研"的权利，这样才能在人才培养和科学研究方面取得重大突破。

宽松自由的学术环境，要保证学生"学"的自由，鼓励学生大胆探索，激发学生的内生潜力。众多世界一流大学，都为学生创造了自由选课的环境，重视启发式教学，鼓励学生独立思考和解决问题，勇于探索未知领域。

（三）中国特色现代大学制度的核心：党委领导下的校长负责制

中国共产党的领导是中国特色社会主义大学最大的办学特色，党委领导下的校长负责制是落实党对高校领导的根本制度安排，是中国特色现代大学制度的核心。中国大学制度文化建设的核心，是围绕坚持和完善党委领导下的校长负责制，进一步完善党委领导、校长负责、教授治学、民主管理的机制，实现大学的政治权（领导权）、行政权、学术权、民主权的和谐统一。在处理好党委领导和校长负责的关系基础上，要进一步建立健全教授治学和民主管理机制，划分清楚行政权力与学术权力的边界。事实上，学术权力与行政权力是大学管理运行过程中两种不同性质的权力：学术权力的主体是教授，行政权力的主体是行政人员；学术权力重理性，行政权力讲权威；学术权力是分散型，行政权力是科层制；学术权力的行使是自下而上，行政权力的行使是自上而下；学术权力的决策重心在基层，行政权力的决策重心在高层。要进一步限制行政权力，体现学术本位，切实把学术权力归还到教授手中，充分发挥学术委员会、教授会、职称评聘委员会、学位评定委员会等在学科与专业建设、学术评价与发展、教学与研究等方面的重要作用，切实实现教授治学。同时，还要发挥好中国特色民主管理和民主监督的优势，完善教代会、学代会、群团组织以及专家咨询等制度和机制，进一步提升民主管理的质量和水平。

三、大学物质文化育人

大学物质文化是大学精神文化的物质载体，是大学历史传统、文化底蕴、精神内涵和个性特征的物质化体现，渗透于校园学习工作和生活的所有时空之中，思想性与文化感、艺术性与时代感并存，展示出大学人共同的价值追求、办学理念、审美情趣等精神文化内容。蕴含着人文、艺术、科学精神的校园建筑，就是传播文明、养成道德的生动教科书；各具特色的校园亭台、花园、草坪，就是培育栋梁的第二讲台；浓缩着历史的校内雕塑、人文景点，就是学校传统和精神的示范和延续，具有重要的育人功能。大学物质文化主要蕴含在大学校园建筑、校园景观、教育资源等物质载体之中。

（一）大学校园建筑

大学所处的地理位置、校园整体风格和建筑物等校园建筑，是大学校园物质环境的主体，是大学人成长发展的时空环境，优美、现代、理性、生态而有品位的校园环境能够陶冶大学人的情操，激发大学人的爱校情怀和学习、工作和生活热情。因此，必须重视其文化内涵的挖掘和建设。

第一，大学地理位置的选择。自然环境对于人的影响是不言而喻的，大学地理位置的选择要兼顾自然环境的影响。中国古代的书院，大多选址建设在依山傍水的幽雅之地，"借山光以悦人性，假湖水以静心情"，这也是古人道法自然哲学思想的实际运用。中国许多现代大学的选址也都颇为讲究，如北京大学选址燕园建校，在古典园林景观的基础上融入现代气息，自然之美、古典园林之美与现代建筑之美珠联璧合、相得益彰，使得徜徉其中的北大人流连忘返、心旷神怡。

第二，大学校园规划与整体风格。大学之大，首谓大楼；大楼成，方得育引大师。大学的校园建筑必须有整体的设计和规划，坚持以人为本，整合历史与现代、形式与内容、物质与精神、感观与性能、生态与绿色等多重因素，形成整体的建筑风格与特色。要注意将中国传统古典之美与现代时尚之美结合起来，谋划好山水、草地、树木、雕塑、建筑、操场、道路等这篇形散而神不散的大文章，在布局、色彩、形状、功能和文化之间达成和谐统一，切忌各个建筑自成风格，过于追求时尚，缺乏整体的文化韵味。大学的整体风格要体现大学的价值追求、审美情趣以及历史文化特色，这既需要规划建设部门的严格审批与建设，还需要学校成立专门的大学文化建设委员会等机构，专门从文化角度负责校园建筑风格与特色的整体谋划和把关，把实用、审美、个性与大学的历史传统和文化底蕴结合起来，秉持开放的胸襟和发展的眼光，注重大学与城市建筑的互动关系，打造特色校园。如北京航空航天大学校园建筑，以三座主楼为标志，谓之"老主楼、新主楼、沙河主楼"。20世纪50年代建设的老主楼，是苏式建筑风格的代表，其群楼今已列入保护建筑，"为人民服务"红色匾额，经风历雨六十余载不变，成为北航之精神底蕴。新世纪之初修建的新主楼，集教学科研于一体，大道至简、气势恢宏，22万余平方米，荣膺建筑界最高奖，乃亚洲之最。沙河主楼2018年正式投入使用，取聚沙成塔、积水为河之意，成为师生空天报国的新起点。

第三，大学标志性建筑。大学要有颇具自身特色的地标性建筑，使之成为表征大学的重要标识。大学的大门、主楼等建筑，成为大学重点打造的标志性建筑，邀请杰出的设计团队和建筑师，结合自然环境、历史传统、科学技术、人文艺术、实用美观等多方面的要素精心设计建造，体现大学的理念与精神，让走进其中的大学人面对这些标志性建筑时，内心的敬仰之意和自豪之情油然而生，自然生发出对学校的热爱和对知识的尊崇。大门是一所大学的门面，来到一所大学最先看到的景观是学校的大门，给人以直观的第一印象，在师生进出之间彰显育人功能。北京大学西门的富丽堂皇、古朴端庄，毛泽东同志手书"北京大学"校名熠熠生辉，让人深刻感受到这座巍巍学府的百年盛名。学校主楼是大学人开展教学、科研和管理工作的主要场所，必须精心设计，力争使其成为大学的地标性建筑。

（二）大学校园景观

大学校园景观，主要分为校园园林景观和校园人文景观等两大类，前者更加贴近自然，后者则是人为创造的结果。二者均被赋予了深厚的文化内涵，颇具育人功能。

1. 大学园林景观

园林景观是涵盖山、水、动植物、建筑等多重元素的空间艺术。美丽的园林景观给人以美的享受和人文涵养，是大学物质文化育人理念的重要方面。中国古代就有重视园林景观艺术的传统，保存至今的众多皇家园林，完美地将自然之美和建筑之美融合，是园林景观建设的典范。大学园林景观建设，要紧紧围绕育人的主题，精心设计一山一石、一草一木，在美观的基础上还要突出绿色与特色。校园绿化面积要合理，植被选择要灵活，强化文化内涵，形成规模效应，打造具有自身特色的校园景观带和景观群。北京交通大学思源楼前的一条银杏大道，是每年秋天北京最有名的观赏银杏场所之一，每年深秋银杏鹅黄、美不胜收，吸引大批师生校友和社会人士观赏并拍照留念。

2. 大学人文景观

人文景观是具有特定人文色彩和人文内涵的校园物质景观，包括校园雕塑、纪念性建筑、校园小品等，是大学精神文化最集中的物质载体。物质本身并不是文化，这些物质的文化蕴含在于，这些物质都是人创造的，是人们的精神世界的对象化的物化，任何人造物上都蕴含着人们的某些思想、情感等精神内容。人文景观固化典型人物、典型事件等的文化特质，进一步提升了大学的环境品位。

校园雕像。校园雕像展示的是历史人物、领袖人物和杰出校史人物等的伟大精神，这些精神元素是大学精神的重要组成部分，通过雕塑的形式固化下来，便于大学人更好地纪念、传承和弘扬。众多大学校园里矗立的毛泽东同志雕像、孙中山先生雕像、周恩来同志雕像等，都是在缅怀一代伟人，让师生深刻感知伟人的历史功绩、博大胸怀和人格魅力。北京大学的蔡元培雕像、浙江大学的竺可桢雕像、北京交通大学的茅以升雕像等反映了师生对大学创始人和大学老校长的怀念和敬仰。北京师范大学的孔子雕像、北京航空航天大学的冯如雕像、北京交通大学的詹天佑雕像等，都是对行业或专业领域开山鼻祖的纪念。还有为纪念学校发展过程中涌现出的杰出校友、英雄人物、时代楷模等设立的雕像，也成为师生学习效仿的榜样。

校园纪念性建筑。纪念性建筑既有历史传承下来的具有纪念和文物意义的校园建筑，如清华大学的清华学堂、武汉大学的老斋舍、湖南大学的岳麓书院等，也包括大学为恢复和再现历史场景和情景而建设的纪念性建筑，如北京大学修建的西南联大纪念碑，浙江大学抢运校产、费巩明灯、百鸟归巢等纪念性雕塑，东北大学为缅怀一二·九抗日救亡运动而建设的纪念性群雕等。

校园小品。校园小品是以科学精神和人文精神为主的大学精神的物化展示和师生情感的形象表达，对师生有重要的影响和启发作用。如清华大学1920年建造的古典计时器日晷，下面镌刻"行胜于言"的校风，凝结着时间的轨迹、人生的真谛、历史的意蕴，成为激励清华师生的永恒信念。中国政法大学建设的主题雕塑"法镜"，象征着法大人对公正与威严的不懈追求。对外经济贸易大学普通的一面墙，因为刻上了"在贸大遇见你，是我今生最美丽的风景"，便增添了文化的内涵，成为师生校友争相合影留念的标志性地标。

总之，在推进大学物质文化育人过程中，大学应该有意识地加强人文景观建设，赋予更多物质环境以文化内涵，使之在整个大学文化育人过程中发挥画龙点睛的作用。

（三）大学教育资源

大学教育资源作为一种物质存在，是大学培养学生最为重要、最为直接的场所和载体，关乎大学人才培养的质量和文化氛围的营造，是大学物质文化的重要组成部分。

第一，大学图书馆、校史馆和博物馆。

图书馆作为大学标志性建筑之一，是为师生开展学习和研究提供服务的重要场所，一流大学都有一流的图书馆作为支撑。大学图书馆建设除了要有独具特色的外观造型和独树一帜的建筑风格外，要将重点放在使用功能和服务上，紧跟世界学术和科技前沿，为师生学习和研究提供强有力的文献查询、搜集、整理、传播、使用等服务，营造典雅宁静的文化氛围和浓郁厚重的学术氛围，助力人才培养工作。

校史馆记录了一所大学的历史发展脉络，浓缩了大学筚路蓝缕、艰辛创业、由弱变强的办学历程，凭借言简意深的文字描述、微言大义的动情讲解、历史久远的图像资料和实物展示，能够为师生校友讲述大学薪火相传的历史情怀，领略大学精神的深刻内涵，为学校当前取得的发展成就和绘就的未来发展蓝图感到自豪和振奋，从而达到爱国爱校的教育效果。

博物馆作为多功能的文化复合体，是传播知识、促进科研、弘扬文化、培育精神的重要场所，是实现文化育人的重要载体。博物馆的育人功能越来越受到重视，一大批高校率先建设了自己的博物馆，这些博物馆一般与大学的历史传统或学科特色紧密结合，在育人过程中承担了重要角色。北京大学赛克勒考古与艺术博物馆、上海交通大学钱学森图书馆等都已成为世界一流的大学博物馆。大学博物馆要进一步挖掘和凸显博物馆的育人功能，在思想教育、文化传承、艺术熏陶、实践育人等方面下功夫，使之成为人文环境育人的重要载体。

第二，大学艺术馆、展览馆。大学艺术馆、展览馆等文化设施，承载的是生动而灿烂的大学文化形态，是反映大学精神的"物化的意识"和反映大学人理想追求的"诗化的情景"，是寄托大学人艺术审美和精神理想的载体，是大学文化场中无处不在、最具魅力、文化表征和影响力的因素之一。大学艺术馆、展览馆通过开展具有审美意识形态的各类艺术展览展示，能够有效地提升师生的人文艺术素养，促进大学人全面发展。

第三，大学实验室及网络资源建设。实验室是大学开展教学、科研的重要场所，也是重要的物质文化育人载体，其所传递的科学精神与人文情怀，历来为世界一流大学所重视。中国大学目前在实验室的数量与质量上已经比肩世界一流大学，但是在育人方面，还未发挥应有的作用。许多国家重点实验等重量级实验室开放程度还远远不够，培育人、发展人、服务人才培养的意识不强，没有完全向本科生开放，实验室对师生应有的科普教育、科学精神培育，以及对有关数据和信息资源共享方面尚有很大的潜力可以挖掘。而网络资源，则是新形势下大学的重要物质资源，大学要构建发达、高速、便捷的校园网络系统，提供丰富而优质的信息服务，让师生时时、事事、处处享受网络带来的便捷。大学要倡导积极向上的网络文化，建设清朗的网络空间环境，使互联网资源切实成为育人的重要阵地。

大学物质文化的内容非常丰富，以上只是总结归纳了主要的大学物质文化育人内容。事实上，除个别新建大学和大学新校区外，中国现代大学的校园空间布局已基本完成，"大处落笔"的空间很有限，重点应该在"小处着眼"，在提升校园物质空间的文化内涵上下功夫，在细节设计上处处体现以人为本的理念，实现人与自然环境的和谐统一，最大限度地发挥物质文化的育人功能。

四、大学行为文化育人

行为是人类受思想支配而表现出来的外表活动。思想决定行为，群体的行为又体现和形成文化。大学行为文化是大学各个主体在教学科研、学习生活、文化活动等实践活动中所表现出来的精神状态、行为模式和文化品位，反映的是大学及大学内部不同群体区别于社会大众群体的行为模式。大学行为文化一方面具有文化的历史性特点，另一方面在形式与功能上又表现出不同于其他组织和大学文化形态的特点，是大学行为所形成的特点、风格和习俗等，类似于某一区域性的民风民俗。古人所谓的"五方之民皆有性也，不可推移"（《礼记·王制》），"是以百里不同风，千里不同俗"（《汉书·王吉传》），指的也是人类的行为文化。

大学行为文化是大学文化的重要载体，行为文化体现着大学精神文化，同时受到大学制度文化的约束和物质文化的影响。在大学的各文化层次结构中，精神文化是大学文化的核心，是指导整个大学文化的思想之源；制度文化是大学精神和办学理念的延展，对大学人的行为产生直接且具体的规范和约束；物质文化是看得见、摸得着的大学具体形象外在表现形式，而这三者都要通过行为文化来体现。一所大学行为文化状况、大学文化育人成效，通过考察大学人的日常精神状态、治学态度、工作学习状况等行为表现，就可以清楚地作出判断、得出结论。大学行为文化育人是一项长期的系统工程，不仅涉及大学各主体包括教师、学生、管理者及服务人员的行为，而且关系到整个大学行为模式的引导与规范，并辐射到社会的行为模式。随着大学行为主体的价值取向多元、行为方式多样、行为环境多维，大学行为文化也呈现出多样化、复杂化的特点。各个行为主体的行为文化不同，会形成不同的行为文化内涵，发挥不同的育人作用。

（一）涵养优良校风

大学教师、学生和管理服务人员的行为模式，集中展示为一所大学的教风、学风和工作作风，三者又共同形成了一所大学的校风，成为大学精神、办学理念和价值观念的生动体现。一所高校的校风和学风，犹如阳光和空气决定万物生长一样，直接影响着学生学习成长。

教师是大学的办学主体，教师在教学、科研和日常生活之中所表现出来的精神状态、行为操守和文化品位，大学教师为人、为学、为师行为的长期积淀，就会形成教师行为文化，集中表现为一所大学的教风。

良好的教风首先体现在师德师风上。师德师风是评价教师队伍素质的第一标准。教师的思想政治素质、职业操守和道德水平，会对学生的思想和行为产生重要影响，集中体现为大学的师德师风，并对其他教师和社会产生影响和辐射。因此大学和教师个人都必须加强师德师风建设，选树先进的师德典型，开展有效的师德师风教育活动。当前，中国大学大都设立了党委教师工作部，作为专门部门负责教师的思想政治工作和师德师风建设，探索新形势下加强教师思想政治工作和师德师风建设的有效路径，通过教育养成、制度约束、文化熏陶等多种手段，使大学教师成为社会主义核心价值观的模范实践者。

良好的教风还体现在教师的治学态度上，也即教师的学风。教师以什么样的教学态度来对待学生，以什么样的科学研究态度来开展学术研究，共同体现为教师的治学态度，呈现出教书育人之风、追求真理之风、严谨治学之风和服务社会之风，展现出教师作为知识分子的文化身份和责任担当。教师要爱岗敬业，有"衣带渐宽终不悔，为伊消得人憔悴"的境界，在课堂上认真讲授知识、开展形式多样的教学活动，帮助学生掌握知识和本领，对学生严格要求、严谨治学；要坚持学术自由和学术规范相统一，在科研活动中要勇于探索、勇于追求真理，培养自律的学术精神，一丝不苟地开展实验研究，以"板凳要坐十年冷，文章不著半句空"的态度撰写学术论文。这些都会通过言传身教影响到学生，使学生养成严谨的治学态度和创新的科学精神。因此，现代大学教师要把教学与科研、教书与育人统一起来，不仅要做专家学者，还要品德高尚，以自己的人格魅力潜移默化地影响学生，成为学生的良师益友。

学生作为大学教育的对象，一般会受到教师行为文化的影响，具有教师行为文化所传导的心理行为特征，体现为大学行为文化的普遍性特点。同时，学生由于自身的特点，又呈现出不同于教师行为文化的独特的行为文化，其中最为主要的是学生在学习中所展示出来的行为习惯，即学风。

此外，管理服务人员所展示的实事求是、关爱师生的工作作风和服务态度，是这一群体行为习惯的集中展示，对大学育人工作同样产生重要影响。管理服务人员，要面对的既有教师，又有学生，其行为文化会对教师和学生产生双重影响，其中管理人员中的领导者尤为重要。所谓上有所行、下有所效，领导者特别是大学党委书记、校长的工作作风，会成为一所大学工作作风的关键性影响因素。

（二）健全行为规范

行为规范是大学文化对大学人施加影响的重要载体。行为文化一般通过行为规范对大学成员的行为进行约束，逐渐养成大学人的习俗和习惯，对不符合大学文化的行为会通过文化的无形力量加以规范，对不认可这种行为规范的人则会加以排斥。当大学人的行为理念与大学理念一致时，其自觉行为就会高于制度的要求，形成同向同行、共同进步的和谐有序氛围。

第一，健全师生行为规范。教师与学生接触最为广泛深刻，是育人的主体，教师在教学与科研活动中的许多行为，是无法用制度的方式来硬约束的，只能通过行为规范的方式加以引导。要制定和倡导以"学为人师、行为世范"为核心价值的教师行为规范，对教师教育教学、科研活动和日常生活中的一言一行、一举一动给出具有导向性的建议，引导教师加强自我教育、提升自我修养，促进教师陶冶师德、为人师表。行为规范对于学生而言同样重要，学校倡导什么、反对什么，要旗帜鲜明地向学生亮明态度、给出建议，建立学生学习、生活、社交等方面的行为规范。现在部分大学探索实施的在新生入学典礼和毕业生毕业典礼上举行的宣誓活动，也是在以"誓言"这样的行为规范，来引导学生的行为。

第二，开展典礼仪式活动。各类典礼、仪式作为一种程式化或惯例性活动，具有很强的仪式感、观察性、体验性和教化功能，反映特定的行为规范和价值观念，传递的文化内涵十分丰富。中国传统文化教化一条重要的经验是注重"礼乐""仪式""典礼"的教育。大学的开学典礼、毕业典礼、升旗仪式、入党仪式、入党宣誓等典礼、仪式教育，是学生大学期间重要的体验活动，仪式感强，使师生置身于情境体验之中，触碰师生的感官与思维，从而引起共鸣，提升他们的思想境界，进而影响和规范他们的行为。高校要学习借鉴中国传统文化的有益经验，结合现代学生实际探索新的礼节礼仪教育，在各类中华民族传统节日、国家政治节日、国际性节日、少数民族独特节日、重要人物纪念日等有特殊和特别意义的时间点，融入礼节礼仪活动，使之内化于心、外化于行，成为规范和约束学生行为方式的重要途径和手段。

第三，构建和谐的人际关系。社交礼仪是构建和谐人际关系的重要行为规范。对此，费孝通先生曾指出，中国古代社会是一个乡土社会，维持其正常运行的礼仪是大家公认的行为规范。大学中教师、学生等主体要处理好各类人际关系。大学教师要有"海纳百川、有容乃大"的气度，教师之间彼此互相尊重、互相欣赏、互相支持、互相关爱，营造文人相亲而不是文人相轻的人际关系；要正确面对彼此竞争，胸怀坦荡，公平竞争，不搞阴谋诡计；对于学术分歧，要相互辩论探讨，大胆批评质疑，不搞人身攻击；要倡导相互团结合作，组建学术科研团队，开展联合攻关，共同挑战科学难题。师生之间的关系，一方面要继续弘扬中华民族尊师重教的传统美德，另一方面也要倡导教师尊重和关爱学生，建立平等、互敬、互爱的新型师生关系，纠正个别研究生导师是"老板"这种带有"人身依附"性质的不正常现象。此外，学生之间、师生与社会也要建立和谐的人际关系，构建健康向上的行为文化。

（三）开展文化活动

大学文化活动是大学文化中最生动、最活跃的内容，是大学文化的最为动态的体现。当前，我国大学校园文化活动丰富多彩，成为大学文化育人的重要组成部分和有效途径，为大学人才培养作出了应有的贡献。但也必须承认，当前的校园文化活动还存在过多、过滥的现象，重数量轻质量，顶层设计不够，精品化与品牌化不突出，学生参与度有限，部分消解了校园文化活动的育人效果。事实上，只有学生广泛参与、认可和接受的校园文化活动，才可能进一步去接受活动背后传递的大学文化和价值观念。为此，高校要加强系统谋划，在校园文化活动中把握好精神导向，以社会主义核心价值观为引领，在形式和内容上突出真、善、美的价值追求，在打造校园文化活动品牌上下功夫，进一步做大做强精品和品牌活动，以有特色高质量的校园文化活动吸引高校学生的广泛参与，提升育人效果。高校下一步要重点围绕打造思政类文化活动品牌、学术类文化活动品牌、艺术类文化活动品牌、体育类文化活动品牌下功夫。

第一，打造政治类文化活动品牌。当前，大学院校两级党团组织、学生组织和学生社团等，围绕高校成长成才开展的政治类文化活动种类繁多、内容丰富、形式多样。高校应进一步扩大政治类文化活动覆盖面，让更多学生受益，要发挥中国特色社会主义文化的优势，打造红色经典活动品牌。中国一批建校历史悠久的大学，都在国家民族独立和人民解放过程中发挥了应有的作用、作出了应有的贡献，形成了具有中国特色的爱国主义精神，成为大学精神的重要组成部分。北京大学是中国新文化运动的中心和五四运动的策源地，形成了以"爱国、进步、民主、科学"为主要内涵的五四精神，成为激励北大师生不断前进的强大力量。这些红色基因、爱国主义元素，应该成为政治类活动的重要主题和内容。

第二，打造学术类文化活动品牌。大学文化是以研究高深学问为基础的文化组织，学术性是大学与生俱来的鲜明特性和大学文化的重要品性，丰富多彩的学术文化活动有利于营造崇尚学术、追求真理的大学文化氛围。总结中国大学在学术文化活动方面的有益做法，一些品牌活动具有借鉴和推广意义。主要包括：一是举办学术报告和前沿讲座。邀请名师大家来校做学术辅导报告和学术前沿讲座，让师生感受名师大家的风采和魅力，接触学术前沿思想和问题，开阔学术视野。二是开展学术类竞赛活动。通过举办学术论文和科技作品竞赛、创新创业竞赛、学术新秀评选等活动，调动和激发学生参与学术研究的积极性和创造性。三是开展各类科普性文化活动。通过举办学术文化节、科普文化月等综合类科普性文化活动，增强高校对科学知识的渴求，吸引更多学生参与到学术研究之中。

第三，打造艺术类文化活动品牌。文艺是时代前进的号角，最能代表一个时代的风貌，最能引领一个时代的风气。文化艺术活动具有重要育人功能，文艺育德是隐性思想政治教育典型范式之一，对于高校陶冶情操、启迪心灵发挥着特殊的作用。艺与德的沟合，既为艺注入了鲜活的灵魂，使其成为伦理型艺术，并进而担负起宣教的使命；又为德赋予了鲜明可感的形象，为其道德学说及道德教化的理论与实践涂上了浓厚的艺术色彩与艺术品性。因此，大学要结合自身实际，在原创文艺作品、观赏高雅艺术、演绎文艺经典等方面下功夫：一是创作经典文艺作品，二是开展高雅艺术进校园活动，三是开展丰富多彩的文艺活动。

第四，打造体育类文化活动品牌。中国大学具有重视体育教育的传统，清华大学老校长蒋南翔就曾提出为祖国健康工作五十年的号召。体育文化活动作为校园文化活动的重要组成部分，在培养学生身心健康、意志品质、创新精神和实践能力等方面都发挥着重要作用，体育教育家马约翰先生曾指出体育是养成完整人格的最好工具。所以，大学必须高度重视校园体育文化建设，打造具有自身特色的体育文化活动品牌，吸引学生积极参与到体育运动中来，养成终身受益的体育运动爱好和习惯。

上述大学文化育人四个层次的内容，即大学精神文化育人、大学制度文化育人、大学物质文化育人、大学行为文化育人，是依据大学文化分层理论所划分的四个方面，事实上在大学文化育人过程中，这四个方面的界限并不是泾渭分明、非此即彼的，也未必能够囊括大学文化育人的所有内容。大学文化在发挥育人作用的过程中，不是按层次结构分别发挥作用的，而是形成了一个立体的、综合的、交叉的育人合力网，并且与其他育人途径共同发挥着作用。

第三节 探索大学文化育人的方法

一、言传身教法

"善之本在教，教之本在师"，教师是大学生成长成才的指导者和引路人，教师对学生的影响，就如同师傅带徒弟，"吐辞为经、举足为法"，学生时刻在观察、效仿老师的一言一行、一举一动，既学习老师在课堂上是怎么说的，更关注老师课堂下是怎么做的。"学高为师、身正为范"，兼具"学高"与"身正"的教师队伍具有很强的示范引领性，是落实大学文化育人的关键，必须注重言传身教。

"言传身教"一词源自《庄子·天道》："语之所贵者意也，意有所随。意之所随者，不可以言传也。"所谓言传，指向的是言语，是指用言语来教导；所谓身教，指向的是行动，是指用行动来示范。言传身教指用言行影响、教导别人。言传身教是教师传授知识的基本形式和以文化人的主要方法，教师通过语言文字和必要的教学方法、心理情感等把专业知识、价值观念和技术动作等传递给学生，达到育人的效果。

中国自古具有重视言传身教的传统。老子在其著作《道德经》中就有"不言之教，无为之益，天下希及之"的古训，这里的"不言之教"，指的是通过潜移默化的行为教育人。孔子的"其身正，不令而行；其身不正，虽令不从"，也强调了言传身教的重要。孟子也曾指出，"吾未闻枉己而正人者也"，这是说如果自己不正是不能正人的。

言传身教的文化育人方法，最重要的特点是注重感染、熏陶、涵化，通过润物无声的言语交流、行为示范，使教育对象潜移默化之中主动效仿师者，自觉接受教育，达到"见贤思齐"的效果。清朝学者龚自珍在《与秦敦夫书》中写道："士大夫多瞻仰前辈一日，则胸长一分丘壑；长一分丘壑，则去一分鄙陋；潜移默化，将来或去或处，所以益人家邦移风易俗不少矣。"与灌输式教育相比，言传身教的育人方法是一种隐性的教育方法，避免了主客体之间的矛盾对立，教育对象更容易接受，在不知不觉中达到了教育的效果。

中国大学要高度重视言传身教的作用，言传身教体现在大学文化育人的方法论意义中，重点要在"言传"和"身教"两个方面下功夫。一方面，要重视大学教师的"言传"，既可融入课堂灌输式的讲解之中，也可结合课下点对点、点对面的深度辅导，实现"大水漫灌"和"小水滴灌"的紧密结合，把大学所倡导的价值追求、办学理念等精神文化渗透给学生。另一方面，要重视大学教师的"身教"，通过"身教"这种无教之教、无言之教，影响学生。为此，教师必须树立良好的师德师风，做到学高为师、身正为范。教师就如同学生的一面镜子，必须为人师表，用自己的真才实学和人格魅力为学生成长成才树立典范。

二、经典阅读法

书籍是人类文明与进步的阶梯，凝聚着人类对自然界和人类社会的认识、探索、思考和研究，经典则是人类文明与智慧的结晶。意大利文学家伊塔洛·卡尔维诺[①]（Itao Calvino）说过，经典是那些你经常听人家说"我正在重读"，而不仅仅是"我正在读"的那些书；是一些产生了特殊影响的书。所谓经典，是指那些探讨人类社会各个领域的基本问题、重大问题和永恒问题，并产生原创性价值、奠基性意义和权威性价值的著作。经典之所以被奉为经典，以其经得起时间考验，历久弥新且启人心智、发人深省的集大成，成为当代思想活动的理性依托。

中华民族自古就有重视阅读的优良传统，古代将"学习"称为"读书"，如"三更灯火五更鸡，正是男儿读书时"（唐·颜真卿），"立身以立学为先，立学以读书为本"（北宋·欧阳修）。从"人生在世，惟读书、耕田二事是极要紧者"的耕读文化传统到"一个人的精神发育史就是他的阅读史，一个民族的精神境界取决于这个民族的阅读水平，一个没有阅读的学校永远不可能有真正的教育，一个书香充盈的城市必然是一个美丽的城市"的时代之问，阅读特别是经典阅读，历来为人们所重视，是人类获取知识、促进个体智力发展、认识和改造世界的重要方法途径。

阅读经典，可以让个体以书籍为媒介同古今中外的名师大家及伟大心灵进行精神交流和对话，经典作品积淀了人类的智慧，可以不断启示人们对文化价值的理解，甚至成为寄托民族精神的某种象征，这也是经典能够代代相传的原因。在大学精神式微、工具理性充盈的今天，经典阅读在现代大学文化育人过程中占有坚守文化品位、充分调动人的主体性和灵活解决资源瓶颈等诸多优势，必须充分重视，大力推进。

---

① 伊塔洛·卡尔维诺（Italo Calvino，1923 年 10 月 15 日—1985 年 9 月 19 日），意大利当代作家。主要作品有小说《分成两半的子爵》《树上的男爵》《不存在的骑士》等。

阅读经典，首先要选择好、确定好经典，中国大学要根据自己人才培养的目标与定位，充分借鉴世界一流大学的经验，结合中华优秀传统文化、革命文化和社会主义先进文化的特点，结合世界先进文化和先进文明，经专家委员会充分讨论、合理选择、科学确定经典著作，形成学生经典必读书目和选读书目，并纳入大学人才培养方案，出台激励约束机制，鼓励引导学生尽可能多地阅读经典书目。以文载道是中国传统文化的重要思想，经典所承载的道、即核心价值观，必然成为大学生在经典阅读过程中自我认知的重要内容和主线。要将马克思主义经典著作、当代中国特色马克思主义理论著作、中华优秀传统文化典籍等作为重点，为学生开出书单、指出重点，让学生正确理解经典著作，掌握马克思主义精神实质，感悟中华文化的无穷魅力。

阅读经典，其次要多渠道推进经典阅读，主要可以从学校和学生个体两个方面着手推进。从学校层面，要把阅读经典纳入整个人才培养体系，通过通识教育课等方式，把经典灌输、讲授给学生，使其接受较为完整的经典教育。从学生个体角度，可以针对学生个体通过多种方式的教育引导，如近年来广泛流行的大学或大学校长推荐书单、经典阅读文化节、经典图书漂流等方式，引导学生致敬经典、阅读经典。但不管哪种方式，经典阅读的大学文化育人方法，是不能被忽视的。

三、实践体验法

实践是哲学中的重要命题。中国传统哲学偏重于从知与行的关系角度探讨和阐释实践的重要性，从早期《尚书·说命中》记载的"知之非艰，行之维艰"，开始对知行问题的初步探讨，到孟子[①]与荀子[②]"知先

[①] 孟子（约公元前372年—公元前289年），名轲，字子舆，邹国（今山东邹城东南）人。战国时期哲学家、思想家、教育家，是孔子之后、荀子之前的儒家学派的代表人物，与孔子并称"孔孟"。
[②] 荀子（约公元前313年—公元前238年），名况，字卿（一说时人相尊而号为卿），战国末期赵国人，两汉时因避汉宣帝询名讳称"孙卿"，思想家、哲学家、教育家，儒家学派的代表人物，先秦时代百家争鸣的集大成者。

行后"与"行先知后"的"知行分离"论争，再到王守仁①的知行合一论、王夫之的"行可兼知""知行相资以为用，并进而有功"，体现出古人对实践重要性的认识过程。马克思在批判和继承前人研究成果的基础上，经过多年潜心研究，以1845年《关于费尔巴哈的提纲》的发表为标志，提出了马克思主义实践观，强调实践是人们改造客观世界的物质性活动，为人们深刻认识和理解实践提供了科学的理论指南。中国共产党人在推进马克思主义中国化的进程中进一步丰富了马克思主义实践观，把对马克思主义实践观的认识提升到一个新水平。体验一词的语义最早可在《淮南子·氾论训》中找到端倪："故圣人以身体之。"《现代汉语大辞典》将其解释为："通过实践来认识周围的事物，亲身经历。"中国古代传统文化育人实践高度重视体验式教育的效果，古代传统的礼仪教育，通过强烈的仪式体验感，达到影响和陶冶人们心理和人格的效果，经过长久濡染，铸就了中华民族的精神气质和人格心理特质。

　　具体到大学而言，通常采用的育人方法主要包括：一是大力开展社会实践活动。"道虽迩，不行不至；事虽小，不为不成。"高校要自觉将教育与生产劳动相结合、与社会实践相结合、与志愿服务相结合，让学生在亲身体验、亲身经历、亲身参与中受教育、长才干、作贡献，从而达到了解国情、认识社会、认同文化的效果。要正确理解劳动的丰富内涵，劳动不仅包括体力劳动，还包括脑力劳动，各类实习实践也是劳动范畴。高校要深入开展劳动教育，大力弘扬劳动精神，深化产学研合作，积极创造更多机会让学生能够深入企业、农村、工程现场等劳动一线，参与到劳动体验之中，养成良好的劳动习惯，进而培育劳动精神、工匠精神和创新精神。二是大力开展各类文化体验活动。高校要让学生在走出宿舍、走上网络的同时，走进校史馆、博物馆、艺术馆、展览馆等大学文化场馆，走进社会参加文化体验，推动"高雅艺术进校园"

---

　　①　王守仁（1472年10月31日－1529年1月9日），汉族，幼名云，字伯安，别号阳明。浙江绍兴府余姚县（今属宁波余姚）人，因曾筑室于会稽山阳明洞，自号阳明子，学者称之为阳明先生，亦称王阳明。

"民族瑰宝进校园"等优秀文化经典进校园。三是依托社团广泛开展各类文化活动。高校必须加强对社团活动的引导，将大学精神文化融入各类社团活动之中，使学生在参与文化活动的同时，感受大学文化的无穷魅力。

四、环境濡染法

环境育人思想是中国传统文化育人的重要理念，从"孟母三迁"的故事到"蓬生麻中，不扶自直"的成语，无不在强调环境对于人的成长的重要性。孔子、孟子、荀子、墨子等思想家，都提倡要主动创设环境，使受教育者受到熏陶教化。中国古代以书院为代表的高等教育机构在办学中充分融入环境育人思想，书院在选址时远离市井的喧嚣，依山傍水、择栖圣地；建筑的整体布局讲究中轴对称之美，辅以自然园林，彰显了人与自然和谐共生的思想；同时，融合空间"尊礼"与植物"比德"，又会对学生的品德与心灵起到教化和熏陶作用。

马克思主义同样高度重视环境育人，马克思就曾指出："人创造环境，同样，环境也创造人"。列宁提出了"生活教育着人们"的观点。毛泽东同志则在其《矛盾论》《实践论》等著作中，强调了环境的重要性。环境育人的作用机理，恰如哲学大师、教育家涂又光教授提出的著名"泡菜理论"，泡菜的味道最终取决于泡菜汤，这一理论非常形象地说明了环境对人的濡染作用。事实上，人总是要生活在一定的环境之中，人作为群体性生物天然具有受环境影响的特点，这个环境包括自然环境、社会环境和文化环境，而这些环境都具有重要的育人功能，影响人的人格、心理、素质和能力等的形成，并且环境这种育人功能的实现，是以"场域"的方式进行的。大学所创造的场域，即环境通过"软""硬"条件，营造一种像阳光和空气一样的场域精神力量，使身处其中的人们时时刻刻受到这种场域精神力量的濡染、辐射、感染、熏陶、陶冶、约束等多方面的影响，久而久之就形成与场域精神力量相生相向的文化气质。大学环境就好比"泡菜汤"，其场域精神力量影响和濡染着浸泡于其中的师生的思想与行为，"泡菜汤"味道的差异，也就是不同大学之间大学文化的差异，浸润和濡染出来的人才也各具特色、各有味道。具体说来，大学所创设的环境，是一个有声无声、虚实结合、无所不在的大课堂，既包括校风、教风、学风等"软"环境，又包括校园建筑、教学设备、文化景观等"硬"环境，新形势下还包括网络新媒体快速发展所形成的"虚拟"环境，这些"软""硬""虚拟"的大学环境，以潜课程的形式，既体现出基于功能需求的合理性，又体现了基于审美取向的情趣性，还体现在基于精神引领的导向性，集情、景、意、理于一体，对学生成长成才起到重要的濡染作用。

因此，大学必须高度重视"软"环境、"硬"环境和"虚拟"环境建设，坚持一手抓"软"环境和"虚拟"环境，一手抓"硬"环境，做到两手抓、两手硬。"软"环境建设要注重校风、教风、学风的培育和养成，抓细抓小、抓常抓长，营造严谨治学、潜心育人、自由宽松、求是崇真的校园文化氛围。不论"软"环境还是"硬"环境，都要坚持"形散而神聚"的原则，处处彰显大学精神之魂，事事熔铸大学文化之印，形成育人合力。环境育人绝非一日之功、不会一蹴而就，要坚持贯穿结合融入，寓教于境、寓教于景、寓教于情、寓教于美，点滴积累，久久为功，最终达成濡染、熏陶之效。

第六章　高校文化育人的创新发展

第一节　高校文化育人载体的创新与延伸

一、加强课程载体建设，夯实文化育人基础

(一) 文化育人课程载体建设的重要性

课程载体是高校实现文化育人最基本的形式，同时也是最重要的育人媒介之一。从广义上来说，高校开设的相关课程及其在课程中开展的一切活动都是完成特定育人目标的课程载体。随着时代的发展，各高校根据学科发展特点的不同，结合时代发展的需求和网络新媒体技术，可以开展形式多样、内容丰富的文化育人课程，从而拓宽文化育人的渠道。

(二) 文化育人课程载体建设的基本内涵

从字面上理解，文化育人课程载体主要具有两个方面的含义：一方面，"载"表示承载的意思，也就是说，文化育人课程载体承载着某种文化信息或内容，尤其是承载着一些思想政治教育资源；另一方面，"体"代表的是课程本身，课程联系着文化育人的主体与客体。因此，文化育人课程载体是指承载着文化育人内容，促进育人主客体间相互交往的媒介。在信息技术高速发展、网络全面普及之前，传统的课程主要以口耳相传为主，随后发展到了以实体作为载体的教材阶段。新时代背景下，基于网络的阅读迅速俘获大众的心，漫天的阅读资料和各种各样的信息、符号在愉悦人们内心的同时，也悄然推动了人们学习、阅读习

惯的改变。高校教育中也刮起了互联网飓风，网络课程载体以崭新的育人形式展现在教育工作者的面前，影响了传统的课程教学。

（三）文化育人课程载体建设的基本原则

首先，要坚持普遍性与特殊性相统一的原则。无论是思政课还是其他课在育人过程中都必须坚持党的领导，明确指导思想，树立正确的政治方向，这是文化育人价值引领功能实现的普遍性原则。此外，注重根据自然科学、社会科学等不同学科课程的不同特性，分别挖掘课程中蕴含的育人资源，则体现了特殊性原则。

其次，要坚持显性与隐性相结合、同向而行的原则。文化育人课程载体实质上是一种课程观，不是简简单单开一门课，也不是组织一项活动，而是将文化育人内容融入课程教学以及课程改革的方方面面，最终实现育人的根本目标。高校课程可以分为显性与隐性两大类型，显性课程主要是指高校思政课，隐性课程主要包括通识教育课程、公共基础课程以及专业教育课程。要促进文化育人的价值实现，达成思想政治教育的根本目标，既要坚持思想政治理论课在培育社会主义核心价值观过程中的核心地位，也要重视发挥其他课程的育人价值，从显性与隐性层面把握高校思想政治理论教育课程体系建设，彰显显性教育与隐性教育的合力。高校思政课在高校文化育人过程中发挥着不可替代的作用，但仅凭思政课难以实现文化育人价值。要坚持协同作用原则，推动文化育人课程载体的融合创新，将文化育人内容融入课程教学的全过程，在各个学科课程之间形成系统的育人整体，并且遵循文化育人的理念、原则，发挥各个学科的育人协同效应。

最后，要坚持线上线下相结合的原则。文化育人课程载体从口耳相传发展到以技术为依托的网络载体，各种载体在不断更替发展中长时间保持着一种共存状态。这些载体在一定程度上可以分成线上课程载体与线下课程载体，它们之间具有相辅相成的关系，并能够最大限度地实现课程载体的文化育人功能。在新时代背景下运用课程载体进行文化育人活动，必须明辨两种课程载体间的关系，明确二者并不是相互对立而是兼容互补的紧密关系，同时要转变它们各自的地位且优化它们的结构。虽然线上课程载体具有技术上的独特优势，能够承载大量的教学信息，对育人工作者的育人方式和育人对象的学习方式都产生了重要的影响，但是线下课程载体仍然是高校文化育人的重要依托，同样承载着重要的育人作用。这就要求将线上课程载体与线下课程载体的功能整合在一起，在不断地磨合中形成共生状态，共同承担承载文化育人的职能，从而实现课程与人的全面发展。

二、完善网络载体建设，拓宽文化育人渠道

（一）文化育人网络载体建设的重要性

随着信息技术不断发展，网络载体成为高校新兴的文化育人载体。网络载体因其传递信息的快速、承载方式的多样，在高校文化育人实践中有着不可替代的作用。网络载体丰富了意识形态教育载体，拓展了意识形态教育方式，扩展了意识形态教育资源。网络载体可以为大学生提供海量且即时的教育资源和教育信息，有利于加强对学生的文化教育，进一步提升文化育人活动的实效性。传统的文化育人课程教育有着自身的局限性，其相对死板的知识灌输模式难以承担全部的文化育人活动。而网络平台因其快速、简洁的特点，帮助高校文化育人突破了时间和空间的限制，加强了学生同高校之间的交流。高校需要在进行传统课程育人的基础上，借助网络载体和平台，拓宽文化育人的渠道，进一步提升文化育人的效果。

（二）文化育人网络载体建设的基本内涵

顾名思义，网络载体就是高校利用网络新媒体平台作为文化育人活动的载体。在新时代背景下，高校将自身所需要传达的观念融入网络新媒体平台，通过网络向学生传达相应的价值观念、知识技能，培养学生成为适应时代社会发展的、具有综合能力的高素质人才。总体来说，它包含以下两层含义：

第一，文化育人的网络载体需要一定的物质基础，即当代迅猛发展

的互联网这一电子信息交换系统。网络文化育人借助网络平台来完成，需要以现代化的计算机技术、信息技术为依托。因此，高校在利用网络载体进行文化育人的过程中，需要借助相关网络技术，将所需要传达的相关信息上传到网络载体和平台，让这些信息以文字、视频、图片、声音等多种形式直观地传达给学生。同时，高校也要注重在网络媒体平台上搜集学生的反馈信息，促进文化育人主体和客体之间的良性互动。

第二，文化育人的网络载体最终是为了向学生传达特定的价值观念、知识技能，学生在此过程中得以提升自身的综合素质，培养自身认识和改造世界的能力。高校要不断开发网络载体，向学生传递特定社会、特定阶级所提倡的思想观念、政治观点、道德规范以及精神状态。

（三）文化育人网络载体建设的基本方法

高校进行网络平台载体建设，需要以新理念为先导。网络载体作为一种新兴的文化育人载体，有部分教育工作者对其不熟悉，这使以网络为载体的文化育人实践难以实现。因此，当代高校需要充分认知网络载体这一媒介，了解其优势以及缺陷，积极学习以网络为载体的文化育人新理念，完成传统文化育人理念的转变。高校应当正确看待当代迅猛发展的网络技术给文化育人活动带来的冲击和变化。当网络新媒体平台融入高校的文化育人实践中时，高校的文化育人工作方式也要随之改变。在文化育人实践中，高校应当不断探索网络平台载体的特点，开阔文化育人的视野，拓宽文化育人的渠道。

信息技术的不断发展以及网络载体的广泛运用给文化育人实践的管理带来诸多挑战，因此，有关部门务必加强对网络载体的监管，确保文化育人目标的实现。

第一，遵循网络新媒体平台的相关规定，规范网络载体传播内容是确保网络载体长效发展的重要前提。个人权利意识的觉醒与网络载体的广泛运用导致网络言论自由化现象逐渐凸显。但网络空间不是法外之地，高校在建设网络平台时，一定要遵循国家和地方政府出台的相关法律法规，打造积极、健康的高校网络文化氛围。

第二，培养专业人才。高校需要加强对网络载体的有效监管，培养一支高素质的网络文化育人队伍，实践高校网络文化育人。高校需要结合自身的学科优势，培养一批既懂网络载体传播又懂文化育人教学的专业性复合型人才队伍，有效发挥网络载体的正向功能，确保意识形态教育的规范性。

三、优化活动载体建设，丰富文化育人内涵

（一）优化活动载体建设的重要性

校园文化活动是培养人才的有效载体。以思政理论教育、学生社团活动等活动形式为主体，探索第二课堂育人实践活动，结合学校自身的学科特点和专业优势，明确不同专业学生的特点，开展形式多样的校园文化活动，能够在活动实践中不断提升学生的专业素养和综合素质，是文化育人的重要手段。

校园文化活动立足于学生，形式多样，内容丰富，轻松有趣，高校参与的积极性高，参与面极广。这些活动对高校的思想道德素质、人文科技素质、专业技能素质和身体心理素质的培养和提高，都具有潜移默化的熏陶作用。通过高校校园文化活动，可以实现全程、全天候的文化育人，将育人活动融入学生日常生活的方方面面，使学生在校园中就能受到文化育人的熏陶。同时，高校校园文化活动是展现高校文化底蕴的重要形式之一，也是校园活动中最为活跃的形式，受到师生的广泛欢迎，优秀的校园文化能够让师生凝聚在一起，增强学校的凝聚力和向心力，更好地展现高校的办学活力与特色。

（二）文化育人活动载体建设的基本内涵

活动载体是指高校开展形式多样的校园文化活动的具体方式。学生通过参加此类活动，接受思想教育，不断提升自身的道德修养和职业技能。而这些活动也有利于将传统的第一课堂"满堂灌"的模式转变为学生主动接受的实践模式，促进文化育人主体和客体之间的双重交流，让学生受到学校的教育，同时受到自我的教育。

首先，要突出教育功能。高校秉持正确的思政教育理念所开展的相关文化育人活动具有强大的教育功能，有利于培养学生形成正确的思想道德品质和世界观、人生观、价值观，成为与时代发展相适应的高素质人才。

其次，要重视凝聚功能。高校所开展的相关文化育人活动，并不是一个人就能完成的，需要教师、学生等群体的参与，每一次活动都是学生与学生之间、教师与教师之间、学生与教师之间的相互磨合和相互协作。教师和学生在活动中团结协作，交流思想，培养团队协作的能力，同时也形成了具有自身校园特色的校园文化，凝聚了学校人心。

最后，要正确运用激励功能。高校建设的活动载体以学生为主体，实施并完成活动，教师则是辅助者和指导者。学生通过参与、主导各式各样的校园文化活动，激发自身的创造性和积极性，在活动中意识到自身的不足，及时改正弥补，最终使自身综合素养和道德修养得到不断的提升和完善。

（三）文化育人活动载体建设的基本原则

在运用活动载体进行文化育人的过程中，一定要重视突出大学精神。在大学精神潜移默化的影响下，师生的内心世界不断丰富，品格不断受到滋养。这种精神上的提升不是毫无方向的，而是具有鲜明的导向性，大学精神是大学的灵魂核心，是推动大学不断向前发展的力量。重视大学精神、突出大学精神就是要在文化育人工作中，重视对大学精神的凝练，充分发挥其规范行为以及激情励志的作用。随着新时代的到来，党和国家越来越重视对人的关怀，重视社会对人的关爱，在关怀、关爱中引导人们树立正确的价值观。注重人文关怀在活动载体建设中的作用，实质就是确立人的主体地位，肯定人的价值，把培育德智体美劳全面发展的社会主义合格建设者和可靠接班人作为追求目标，注重在精神层面给人以更多的关爱。

在高校文化育人活动载体的建设过程中，学生是活动实践的主体，教师是学生活动的指导者和辅助者。无论是社会实践活动还是学生社团活动，都离不开教师的指导。高校教师不仅需要在传统的第一课堂课程载体中发挥作用，还要深入参与学生的第二课堂活动，发挥教书育人的作用。由于社会形势的复杂多变，一些负面文化思潮对当代的校园文化产生了巨大的冲击，对当代青年高校的价值导向产生了十分不利的影响。而教师就要在此过程中充分发挥自身的优势，引导学生，成为文化育人活动载体建设的航标。

运用活动载体进行文化育人是高校加强学生的理想信念、价值理念、道德观念等所做的工作之一，而制度文化能起到规范行为、严格管理的作用，从而促进教育的实施。高校制度文化既是文化育人的外在保障，也是立德树人的内在支撑，二者协调发展，能产生良好的互动功能。文化育人是一个潜移默化的过程，良好的文化环境对学生的成长有极大的引导作用，其中，高校制度文化对文化育人的渗透有着重要的意义。

高校文化育人是一项系统的工程，对于文化育人载体的运用要做到包涵、创新和实事求是。高校在进行文化育人活动时，要从自身实际出发，结合学科特点和优势，综合运用三种文化育人载体，保证良好的育人时效性。而文化育人最终是为了培养与时代发展相适应的高素质人才，因此，高校在建设这三种文化育人载体时，要正确把握时代发展的趋势和社会发展对人才的需求，坚持正确的育人导向，从而培养出与社会主义发展相适应的高水平人才。

第二节　高校文化育人资源的整合与利用

一、树立科学的文化育人资源整合理念

(一) 资源整合的内涵

资源整合，是指对不同来源、不同层次、不同结构、不同内容的资源进行识别与选择、汲取与配置、激活与有机融合。整合的最终目的就

是要优化资源配置，获得整体的最优。国内外学者对资源整合研究的侧重点不同，大部分学者视资源整合为动态机制，将相差甚远的资源进行甄别、汲取、调整和协调，剔除没有优势的资源，替换为优势资源后形成新的资源体系。

资源整合的特点包括以下五个方面：一是整体性，强调整体其实就是在强调系统，资源整合需要考虑内部和外部相关信息使用者的需求，甄别、汲取和融合内部和外部资源，形成完整的资源体系；二是动态性，任何事物都处于绝对运动和相对静止中，运动是事物的根本属性，资源整合过程是动态的，会不断有新发现、新发掘和新创造的资源融入体系中，保持资源的可持续利用性；三是广泛性，既然资源整合是一个动态过程，那么一定会源源不断地从人、社会、自然中随时随地搜集各种各样的资源；四是多样性，体现在资源整合面向的资源多种多样，搜集资源的渠道多样化，整合资源的手段多样化，以及资源整合提供服务的对象多样化；五是科学性，资源整合按照一定的科学规律和原则，将资源分类、分析和整合，将无序变为有序。文化资源整合除了具有整体性、动态性、广泛性、多样性和科学性，还具有文化性。文化资源整合的文化性体现在以中华优秀传统文化、革命文化、社会主义先进文化为基础，进行物质文化遗产和非物质文化遗产、有形文化和无形文化等文化资源的整合。

（二）文化育人资源整合的理论依据

系统论是文化育人资源整合的理论核心。系统论最早起源于生物领域，后来逐渐被应用于其他领域。生产力与生产关系、经济基础与上层建筑这两对基本矛盾将社会整合为一个有机整体的系统。首先，系统内部各要素以及系统之间存在必然的本质的联系。系统的内部联系形成系统的结构，系统的外部联系形成系统的功能。因为在系统中，结构是功能的基础，所以结构只有合理才能具有良好的功能，系统的功能才能得到高效发挥。系统论从结构与功能的视角启发文化育人资源在整合的过程中要注意打造科学的结构，发挥系统强大的功能。其次，系统论充分认识到竞争与协同的对立统一关系。竞争体现要素等方面的个体性，协同则体现集体性。在文化资源整合中，既要保持文化资源自身的独特性，又要将其融入文化体系中凝聚文化力量。最后，要优化系统。优化是系统论追求的目标，也是对结构与功能、竞争与协同的提升，更是对文化资源整合提出的要求，文化资源整合系统要向着优化方向稳步前进。

共生理论是文化育人资源整合理论创新的基础。"共生"最早由德国生物学家德贝里①（Anton de Bary）于 1879 年提出，是指不同种属按某种物质联系在一起，形成共同生存、协同进化的关系。协同进化论认为，虽然适者生存的竞争关系是推动事物发展进步的根本动力，但是生物界中还普遍存在共生演化的现象，通过与其他物种建立联系，共同生存与进化，保持种群稳定增长。文化资源整合的体系与自然生态系统相似，也遵循着"物竞天择，适者生存"的规律，文化资源整合只有与其相关资源互补，建立持续的合作关系，才能占据有利地位，共建共享共赢，最终推动文化资源整合相关者不断演化。所以共生理论为文化资源整合打开了创新的大门，创造了文化资源整合的新天地。文化资源整合的最终目标是育人，但仅依靠单一的主体力量，所达到的效果是不尽如人意的。共生理论转变了文化资源整合的思路，只有去寻找自身所需要的异质资源，建立稳定的共生关系，才能产生可持续的、持久的育人效果。

利益相关者理论是文化育人资源整合新的理论支撑。20 世纪 60 年代，利益相关者理论横空出世，提出利益相关者概念的是斯坦福研究所，起初其代表一种企业管理思想，即企业融入一些利益群体，如果没有利益群体的支持，企业就无法生存。从这层含义可以看出，早期利益相关者概念从企业出发来思考利益关系，只体现利益相关者对企业的重

① 德贝里（Heinrich Anton de Bary，1831 年－1888 年）19 世纪德国杰出植物学家，是真菌学和植物病理学先驱之一。他对科学研究的卓越贡献在于研究了真菌生活史、藻类的有性繁殖和自然界中的共生现象。

要作用，而没有体现企业作为利益群体中的一员，对其他成员同样产生利益作用。高校文化育人资源整合所形成的利益相关者群体，既存在一般利益群体的普遍性，又存在自身的特殊性。普遍性即共性，体现在高校寻找一些利益群体，相互支持，共建文化资源系统，共享文化带来的可持续发展；特殊性体现在围绕高校形成的利益群体，不是以营利为目的，而是以文化育人为目的。

综上所述，共生理论是利益相关者理论的基础，而共生理论和利益相关者理论紧紧围绕系统论展开。系统论是文化育人资源整合的理论核心，其中结构与功能、竞争与协同、优化系统为文化资源整合提供强大理论支撑；共生理论是文化育人资源整合理论的创新基础，提供文化资源可持续利用思路；利益相关者理论是文化育人资源整合新的理论支撑，推动文化资源流动，激发文化资源强大活力。由此可见，系统论、共生理论和利益相关者理论都为文化育人服务，为文化育人资源整合提供坚实的理论基础。

（三）文化育人资源整合的必要性

第一，文化资源整合有利于文化育人资源的优化配置，是从识别、汲取到融合的科学过程。资源识别是第一步，面对浩瀚的文化资源海洋，容易眼花缭乱，这就需要找准自身定位，然后梳理已有的文化资源，找出自身文化资源的缺口。最后针对文化资源缺口，在众多文化资源中匹配、识别并初步选出自身建设所需要的文化资源。资源汲取是第二步，即在资源识别的基础上汲取有用、有益的能够激发自身资源活力的外部文化资源，同时不要忽略自身存在的文化潜力。资源融合是第三步。所有文化资源在系统内结合，发生"化学反应"，不仅能够激发文化活力，而且还能创造新的文化。文化资源通过识别、汲取和融合的过程整合在一起，实现了文化育人资源的优化配置。

第二，有利于满足主客体多元化的成长需求。主体和客体各自存在矛盾运动，并且主客体之间也存在矛盾运动。主体具有主观能动性，而客体存在不会主动满足主体的需要，因而产生矛盾。主体和客体在不同阶段其发展需要是不同的，旧矛盾解决了还会产生新矛盾。但通过实践，这种矛盾会随之解决。新时代，主客体对文化资源的需要必须通过文化资源整合的实践来满足，文化资源整合不仅顺应了矛盾运动规律，而且满足了主客体成长需要。

第三，有利于提高文化育人的整体效果。文化资源整合将育人所有资源集中整合，可以针对不同的教育对象，随时随地调取文化育人资源。文化资源整合克服了传统育人方式对不同教育主体采用相同资源、资源分散、资源利用率不高等方面的局限，集针对性、动态性、广泛性、多样性等特点于一体，提供一站式的文化服务，为文化育人提供高效便捷之路，最终达到良好的整体教育效果。

综上所述，文化育人资源整合有利于文化育人资源的优化配置，满足主客体多元化的成长需求。主客体在文化资源的熏陶下，既有利于补充知识，又有利于提升文化境界，最终达到良好的育人效果。所以，文化资源整合应时代要求产生，应时代需求发展。

二、遵循文化育人资源整合的原则

文化资源整合应严格按照规律办事，把握正确的育人方向。文化育人资源整合的原则包括：以人为本的原则、共建共有共享的原则、协同创新的原则、节约成本与资源利用最大化的原则、风险防控的原则和自上而下的原则。

（一）以人为本原则

春秋时期齐国名相管仲提出的"夫霸王之所始也，以人为本。本理则国固，本乱则国危"，是我国古书记载的最早的以人为本思想。随后，经过包含"民贵君轻"思想的中华优秀传统文化的不断发展，最终形成了以以人为本为核心的科学发展观和中国共产党全心全意为人民服务的宗旨。高校文化资源整合时刻围绕以人为本的原则，将育人设置为宏伟目标，全面贯彻党的教育方针，针对高校学生成长成才的需要，努力通过文化资源整合，为新时代培育出优秀的全面发展的社会主义建设者和接班人。

（二）共建共有共享原则

随着共享经济的深入发展，"共建共享"逐步扩展为"共建共有共享"。在共建的基础上实现共有，在共有的基础上实现共享，层层推进，既体现出严密的逻辑性，又体现出科学性。将共建共有共享作为高校文化育人资源整合原则，表现为在中华优秀传统文化、革命文化、社会主义先进文化的基础上共建，在合作的基础上共有，最后共享可持续发展成果，真正实现高校文化育人"步步为赢"。

（三）协同创新原则

改革创新是我国时代精神的核心，也是我国增强经济硬实力和提升文化软实力的关键所在。协同创新强调在资源整合过程中，各种异质资源在共同的目标之下动态地、多样地、广泛地互补，实现资源的优化配置，进行价值创造和再创造。文化资源整合按照协同创新原则，将中华优秀传统文化、社会主义先进文化育人资源进行整合，形成文化共生体，发挥协同效应，营造共生共赢的良好环境。

（四）节约成本与资源利用最大化原则

节约成本与资源利用最大化的原则可以具体分为节约原则和资源与利用相统一原则。节约就是节省、俭约的意思，新时代文化育人资源整合要充分认识到节约的重要性，充分做好预算规划，避免投入多而回报少的情况发生，高效整合文化资源。坚持资源与利用相统一的原则则会形成统一的服务方式，向用户提供一站式的服务，这有利于充分发挥整合的优势，获得较大的社会效益和经济效益。

（五）风险防控原则

高校文化育人资源的整合常常涉及高校内部业务流程的更新换代，需国家相关职能部门、共生伙伴和利益相关者等协同开展，是一项复杂、庞大的系统工程，具有诸多不确定因素，存在一定风险。这些风险可能来自文化资源整合过程，也可能来自高校内部或外部，广泛而难以预测。如果对此认识不清，风险防范措施不到位，对风险的处理不当，将会给高校的育人环境带来许多负面影响。所以，高校进行文化资源整合必须遵循风险防控原则，预先制定多套风险防控措施，设置紧急处理方案，做到临危不乱，稳中求进。

（六）自上而下原则

自上而下的原则强调理论指导实践，在实践中总结经验教训，并通过实践检验，最后提升为实践的指导理论，从而具备真理性和科学性。文化资源整合机制的制定和系统的完善具有明确的导向性，要求高校遵循自上而下的设计原则，在积累总结整合资源的经验教训基础上反复实践，获得整合的稳定性规律，进而制定上层指导目标，最后在上层目标的指导下进行下层机制和系统设计的调整与应对。将理论与实践、目标与行动协调一致，真正做到优化配置。

三、搭建文化育人资源整合的平台

高校文化资源整合，以高校为中心，抓住契机搭建平台，打造文化育人的良好空间，为新时代中国特色社会主义培养出一批又一批有理想、有道德、有文化、有纪律的优秀人才，实现文化可持续育人。

（一）校内文化资源整合平台

高校内部资源整合，凝聚"人育"合力。高校育人的主要资源来源于图书馆、档案馆和博物馆等，在浩瀚的知识海洋中航行的学生，需要教育者点亮灯塔，指引前进方向。高校的育人主体是教职工，他们在传道授业的过程中影响学生，培养学生德智体美劳全面发展，最终达到全面而自由的发展。青年群体中的优秀学生代表和知名校友，有利于感召学生奋发向上。学科知识、校训、校史、校歌以及学校物质景观等彰显着教育者的价值取向。对这些高校内部资源进行整合，不仅能为教育者实施教育提供便利，而且可以促进教育者队伍能力提升，再创造教学资源。

校内馆际资源整合是文化育人资源整合的重要基础。一个国家、一个地区，乃至一所高校的文化资源主要集中在图书馆、博物馆和档案馆。但目前大部分高校三馆各司其职，重复率高，使用率低，形成文化资源"孤岛"，因此"图书馆联盟"建议的提出，标志着图书馆告别孤军奋战的阶段，迎来了新发展。图书馆联盟是以实现资源共享、互惠互利为目的而组织起来的、受共同认可的协议和合同制约的图书馆联合体。新时代，高校师生对文化资源的需求更全、更广、更深，迫切需要能提供个性化服务的一站式的文化资源库，真正做到"秀才不出门，便知天下事"。这使得图书馆、校史馆和档案馆打破馆际界限，各馆资源融会贯通、系统整合，实现文化资源的高效便捷利用。

人力资源整合是文化资源整合的关键。人是世间万物中最能动、最活跃、最富创造力的生物。高校主要的人力资源可以分为优秀教师群体、辅导员群体、模范学生和知名校友群体。高校从文化育人的方向整合这些人力资源，不仅能够促使广大师生成为社会主义核心价值观的坚定信仰者、积极传播者、模范践行者，而且能够使广大师生养成理性平和的健康心态，从而把高校建设成为安定团结的模范之地。首先，要利用好高校优秀教师的吸引力。高校教师应该肩负起培育学生正确的价值观、政治观、道德观的责任，用党的理想信念、价值理念潜移默化地影响学生，使他们自觉担负起拥护党、拥护社会主义的责任。其次，要发挥高校辅导员的亲和力。高校辅导员主要从事学生工作，这就要求高校辅导员耐心、贴心、倾心。最后，要发挥模范学生和知名校友的感染力。模范学生通过自己的言行感召同辈群体，在同辈群体中引发"吾日三省吾身"的思潮，有利于引导学生用实际行动向模范学生靠拢。知名校友同样具有极强的感染力。由上可知，人力资源的吸引力、亲和力与感染力在高校的平台上凝聚整合成为向心力，即把高校学生的学习和日常生活联系起来，有利于共同传播新时代中国特色社会主义思想，传递正能量。

第一课堂和第二课堂资源的整合是文化育人资源整合的主要途径。课堂是学生获得直接经验和间接经验的主要阵地，文化载体部分提到发挥学科文化育人功能和激发课堂教学等文化活力，实际是在强调高校第一课堂和第二课堂的完美结合。高校第一课堂资源和第二课堂资源整合后的高频、高效利用是文化育人中的重要一环，是高校文化育人过程中"化人"和"人化"的必经之路。

首先是整合第一课堂资源，优化"化人"力度。第一课堂即以课堂教学为主要形式，在课堂上进行教育者"教"与受教育者"学"的活动。文化育人的"化人"功能是指一定的社会组织根据当前符合社会主义前进方向的优秀文化价值的要求去培养以民族凝聚力为共性、以个体全面发展为个性的高尚品德，引导人们去感受中华文化的魅力所在，使人们在发展过程中择中华文化之精髓以纳之，将个人价值融入社会价值当中。借助第一课堂资源能更好地发挥文化育人"化人"功能，引导高校学生自觉树立正确的世界观、人生观、价值观。

其次是整合第二课堂资源，优化"人化"力度。第二课堂区别于第一课堂，不是课堂上的"教"与"学"，而是自主实践，实践出真知，培养学生的社会认知、人格和能力等。而文化育人的"人化"功能是指人们能够根据自己的价值取向、审美标准、理想信念去选择、接受和践行优秀文化，使自身得到全面发展。个人在接受知识力量和社会实践活动的过程中，更要注重文化的熏陶、对中华优秀文化的明晰与认同、对外来文化的取舍与运用，更加突出高校学生自身主体性、自主性和独立性。高校学生要在第二课堂的多样实践中，不断提高自我修养和自我实践能力。

高校校园内部有形文化资源有景观环境、标志性建筑、文化长廊、图书馆等，无形文化资源包括校风、校训、校歌、校园活动等，这些有形、无形的文化资源是文化育人资源整合的重要来源。校园的有形、无形文化资源中凝聚着中华优秀传统文化。借助中华优秀传统文化，校园有形、无形文化资源使爱国精神、诚实守信、廉洁孝顺、勤俭节约等传统美德内化于学生的头脑，外化于学生的日常行为习惯，不自觉地遵守传统美德的要求。高校以整体性为原则，将有形、无形文化进行资源整合，无形文化以有形文化为载体，有形文化因无形文化的支撑而更具特色,它们融为一体,进行文化育人。由上可知,将校园内有形、无形的文化资源系统性整合,向着整体性、计划性、开拓性发掘,是未来高校发展的趋势之一。

(二)校外文化育人资源整合平台

高校外部资源整合,凝聚"育人"合力。通过实践创新将高校外部资源有机整合,形成优质文化育人大环境,不仅高校学生群体受益,而且高校所在的地方也会受益,从而实现双赢。

创新当地办馆模式是校外文化育人资源整合的源泉。每一座城市都设有面向全体市民的图书馆、博物馆和档案馆,提供公共文化资源,旨在提高市民整体文化素质,为建设文明和谐的社会主义贡献城市力量。但目前,存在当地的图书馆、博物馆和档案馆在城市中布局分散、文化资源零散、"三足鼎立",且与高校的图书馆、校史馆和档案馆脱节,"各自为王"的现象。为改变现状、冲出困境,需要创新当地办馆模式。不仅要借鉴国内外发达城市的办馆经验,而且要结合本地特色。首先,将当地图书馆、博物馆和档案馆的资源进行整合,系统规划。其次,把当地图书馆、博物馆、档案馆和当地高校的图书馆、校史馆、档案馆联合起来,引进高科技资源系统,梳理和分析大数据,分类整合,多功能开发,并由高素质人才管理,长时间磨合,最终实现当地高校师生凭一卡通可畅游"六馆",博览群书,掌握学术科研前沿动态,体验学术沙龙的快感。当地各高校间互联互通,有助于形成文化共同体。

当地特色文化资源是校外育人资源整合的鲜明特色。历史延绵不断,各地区在历史岁月中沉淀下来的文化各异,其中各地区风土人情承载着厚重的文化资源。但目前当地特色文化资源较少被高校使用,其文化育人的作用未被充分发挥。整合当地特色文化资源进高校符合文化育人的客观要求,有必要将各特色文化整合出一套系统,作为文化育人的后备支撑。国家不断强大,民族不断延续,地区不断发展,从侧面体现出人文文化经久不衰。人文资源具有强劲推动力,可以将这些经典风土景观与精华人文资源作为高校文化育人素材,乃至不同文化体验感的来源。

（三）网络文化育人资源整合平台

网络平台是信息资源主要的集中地。信息资源的含义日渐丰富，具有广义和狭义之分。狭义的信息资源指有用的数据，主要是指对信息本身内容进行加工处理，为用户提供数据服务。广义的信息资源包括信息活动中的各种要素，不仅有信息内容本身，还有信息技术等要素。新媒体技术创新浪潮的此起彼伏，促进了异质资源之间寻找共生体进行重组与整合，推动了互联网高端技术、商业模式、服务体系的创新和多元化，加快了新的技术、产品、产业形态的形成，产生了"信息技术革命""智能革命""人工智能"和"5G智能"等技术繁荣景象。网络平台已经成为媒介融合发展即全媒体时代的基础，换句话说，网络向高端技术层发展的今天迎来了全媒体时代。

以网络为标志的虚拟空间是人的思维的延伸，这表明网络等媒介的出现使当代青年拥有更广阔的视野、更深厚的知识、更宽广的社会交往、更丰富的日常生活。高校全媒体资源整合在"全"的基础上，突出各自优势，实现更好的融合。全媒体体现的是各种媒体优势互补，而不是简单地叠加。要做到优势互补，第一步就是要了解各种媒体的优势。

第一，校园报和校园手机报。报纸是传统媒体的代表，校园报主要报道校园时事新闻和学生写的一些优秀文章或诗歌。校园报不需要学生订阅，在固定的时间向学生发放。学生在浏览报纸的过程中，能深化对学校的认识，增强向心力。校园手机报是数字化报纸的代表之一，它节省纸张，快捷环保，其作用与纸质报纸一致。

第二，校园广播。校园广播不仅播报校内外时事热点，还会分享一些生活技巧和流行音乐，使学生在路上、在食堂等，轻松自在地接受文化熏陶。

第三，校园新闻网站。新闻网站发布的信息比较权威，严肃且严谨。校园新闻网站滚动呈现新闻内容或重点信息，方便广大师生快捷找寻需要的信息或通知。

第四，校园官方微信公众号和微博。微信公众号和官方微博信息更新快，内容短小精悍，重点突出。广大师生用碎片化时间浏览校园官方微信公众号和官方微博的信息，就可得知近期校内发生的大事小事。

高校可以将这些媒体资源整合在一起，将运营这些媒体的人员整合在一个部门，保证信息及时发布和时效性，使学生无论是在课上还是在课下，都能接受到文化熏陶，真正地实现全方位育人。

参考文献

[1]安婧.新时代高校文化育人的逻辑路径[J].海外文摘,2022(16):85－87.

[2]曾中令.高校文化育人路径探析[J].汉字文化,2021(18):181－182.

[3]陈利荣,方华.高职院校育人工作研究[M].杭州:浙江工商大学出版社,2013.11.

[4]丁灵芝.新时代应用型高校文化育人体系的构建与实践[J].西南科技大学学报(哲学社会科学版),2022(5):98－104.

[5]董承婷,王永友.高校文化育人质量评价指标体系构建[J].高校辅导员,2022(4):25－30.

[6]范桂森,武剑英.文化自信视域下高校实践育人系统研究[M].北京:北京工业大学出版社,2022.

[7]高明.新时代应用型高校文化育人机制构建研究[J].花溪,2021(10):33.

[8]何依利.新时期高校文化育人路径探析[J].东方娱乐周刊,2023(2):137－139.

[9]侯雅洁,韩忠治,姚晓红.高校文化育人的三重困境与创新对策[J].文化创新比较研究,2021(6):26－28.

[10]胡晓敏.文化自信视域下高校文化育人研究[M].北京:中国原子能出版社,2020.

[11]李瑞萍.高校文化育人的路径探索[J].黄河水利职业技术学院学报,2022(1):82－86.

[12]李振跃.育人功能的坚守 论高校学生社区视阈下的思想政治教育与文化建设[M].长春:吉林大学出版社,2014.

[13]梁晓珊.高校校园文化建设[M].长春:吉林人民出版社,2021.

[14]廖莎.高校文化育人的创新与实践研究[M].长春:吉林科学技术出版社,2020.

[15]龙血松.高校文化育人建设困境与应对措施[J].好日子,2021(15):6.

[16]卢秀峰.新时代高校文化育人的意蕴与实践路径探索[J].吉林广播电视大学学报,2021(3):95—98.

[17]芦美丽.高校文化育人研究[J].中文科技期刊数据库(全文版)教育科学,2022(4):112—114.

[18]吕偶然.高校文化育人工作现状及对策[J].西部学刊,2020(13):113—115.

[19]潘秀秀.关于高校文化育人功能的实现路径[J].山东农业工程学院学报,2020(4):94—96.

[20]蒲燕妮.中华优秀传统文化融入高校文化育人工作的思考[J].当代教育实践与教学研究(电子刊),2022(7):62—64.

[21]任静静.高校文化育人策略研究[J].高校后勤研究,2020(3):70—72,88.

[22]孙宇.高校文化育人的理论与实践探析[J].智库时代,2023(8):84—87.

[23]孙之光.新时期高校文化育人工作实践研究[M].长春:吉林大学出版社,2019.

[24]汪建刚,陈红娇,刘凯辉.高校文化育人工作现状及对策[J].中文科技期刊数据库(全文版)教育科学,2021(1):274—275.

[25]王慧媛.高校文化育人功能和实现路径[J].现代交际,2019(2):180—181.

[26]王伦刚.高校文化育人新探[M].北京:现代出版社,2018.

[27]王永友,董承婷.高校文化育人质量的出场语境:概念、要素及评价[J].思想政治教育研究,2021(1):129—136.

[28]王越,邬丽群.高校文化育人工作的价值和路径研究[J].边疆经济与文化,2020(7):94—95.

[29]魏荣荣,田野,魏彬彬.新时代高校文化育人体系的构建研究[J].传奇故事,2022(36):117-119.

[30]文斌.新时代高校文化育人价值意蕴与体系建构研究[M].北京:中国纺织出版社,2022.

[31]吴琼.新时代高校文化育人的内涵解析[J].高校辅导员,2020(5):13-17.

[32]吴奕,金丽馥.新时代高校文化育人理论与实践[M].镇江:江苏大学出版社,2021.

[33]徐超,杨翠苹."微时代"背景下高校文化育人的路径探讨[J].智库时代,2023(5):217-220.

[34]徐利颖.高校文化育人的价值与实践探索[J].赤峰学院学报(汉文哲学社会科学版),2023(3):73-77.

[35]颜枫.高校文化育人理论与实践创新研究[M].长春:吉林人民出版社,2021.

[36]余谅,陈洋安.高校文化育人功能和具体实现路径[J].作家天地,2021(21):91-92.

[37]张贵礼,程华东.新时代高校文化育人的逻辑理路和实践进路[J].学校党建与思想教育,2023(4):90-93.

[38]张妮.高校文化育人现状研究[J].北方文学,2019(17):218-219.

[39]章旭.高校生态文化建设与文化育人路径探索[M].北京:化学工业出版社,2022.

[40]赵金林.校园体育文化建设与实践探究[M].北京:中国书籍出版社,2018.05.

[41]赵平.新时代应用型高校文化育人路径探索[J].文化创新比较研究,2021(1):23-25.

[42]赵秀月,臧宏玲.高校文化育人研究[M].长春:吉林人民出版社,2018.

[43]周琼.新时代高校文化育人的三个维度[J].长江丛刊,2022(12):167-170.

[44]周袁宏.文化自信视域下高校文化育人的实施策略探析[J].教师，2021(21):9—10.

[45]朱浩.博物馆在高校文化育人工作中的实践探索[J].安徽工业大学学报(社会科学版),2021(2):94—96.

[46]朱建军.高校文化育人探索研究[M].长春:吉林出版集团股份有限公司，2021.